江上剛

会社を辞めるのは怖くない

GS
幻冬舎新書
026

まえがき

「もう、辞めた」

何も発言せずに会議室の外に出た瞬間、僕は声に出して宣言しました。すると、体がフワーッと軽くなり、人生はバラ色だ！という気分に包まれたのです。

2003年、凍えるように寒いクリスマスの日、銀行の主要な支店の支店長が本部に集められ、「これから取引先に向けて相当な額の増資をする。お金を集められない支店長は失格だ」と、言われました。銀行経営を立て直すために一兆円もの資本増強を実施しようというのです。その時、僕は49歳。参与という銀行員では最も上のポジションにいました。第一勧銀が興銀、富士と合併し、みずほ銀行となっても「おとなしくしていれば、もうすぐ役員なんだからね」という声が、密かに僕の耳に届き始めていた頃です。

僕は少しいらだっていました。1997年、総会屋に対する巨額な不正融資が発覚し、第一勧銀に東京地検が捜索に入るという事件が起きました。いい銀行だと思っていたのに、情けなかったし、銀行員としてのプライドが傷ついた。広報部次長だった僕は、腹を括《くく》りました。どん底に落ちた銀行のイメージを上げたい、そのためには事件の根本から解明しなければならない。僕は入行してから、わりあい正直に生きてきたと思うし、行内の派閥に右顧左眄《うこさべん》するようなこともなかった。上層部へ、立場を超えてストレートに意見をぶつけました。使命感に燃えた仲間とともに、それこそ命がけで巨大組織の膿《うみ》出しに取り組んだのです。けれど、みずほ銀行に統合してからも、大きなオンライン事故は起こすし、いっこうに顧客のほうへ顔を向けない。経営陣の責任は、どうなっているんだろう——。経営を悪化させたのは銀行員である私たちと経営者です。その反省も総括もせずに迷惑をかけた取引先から巨額の資金を集めるとは、いったいどういう了見なんだろう？　僕は体の奥から怒りが沸々と沸き起こるのを抑えることができませんでした。

その会議の1年ほど前、銀行初の早期退職制度が導入されていました。当時、僕は人ごとのように捉えていて、まさか自分が応募することになるとは、つゆほども考えませんでした。それにこの制度には、カチンと来ていた。何しろ人事部が、「早く辞めなさい、早く」と繰り返し、機械的にアプローチをしてくるのです。

手渡された資料には、早期退職後の事例がいくつも掲載されています。『会社を辞めてソムリエの資格を取り、ペンションを建てました』『田舎暮らしをスタート。すばらしい人生が待っていました』云々。読むたびに腹が立ってきます。退職したら、民間の人材斡旋所を紹介する、本社からの斡旋はないので、自分で次の仕事を探すように、と突き放すように書いてありました。

僕は、「どうも、この組織は愛情がないな」と感じました。総会屋事件などを起こしましたから、世間はどう見ているかわからないけれど、事件の前は、それなりに愛情がある組織だったのです。

「やることはやった。ここに自分の夢はなさそうだ」

そう思うと、居ても立ってもいられなくなりました。

早期退職の募集内容をさっそくチェック。会議の半月後、年明けの1月10日に募集開始だという。銀行内で人との繋がりもたくさんあったけれど、僕は、募集日まで、上司には一切相談しませんでした。後から非常に驚かれたし、親しい人からは「不義理者」

「水くさい」と責められました。

しかし、例えば「辞めるつもりだ」と明かしてから、『待てよ、このまま残っていたら、役員になれるはずだが』『収入がなくなるんだ』などと計算し始めたら、どうなるでしょうか。目の前に不安が横たわり、逡巡《しゅんじゅん》するに違いありません。そんな折りに「お前、残ったほうが偉くなれるぞ」「いったい、辞めて何をするんだ？」など、周りにやんや言われてしまったら、恐らく辞める決心は付かなかったでしょう。それに、人間、「行かないで」と止めてもらいたいという気持ちが、どこかにあるじゃないですか。

1月10日午前零時。僕は自宅で、早期退職の応募書類と退職届を書きあげると、銀行本部の人事部宛にファックスを送ったのです。ジジジーッと書類が流れていくのを眺めながら、女房と息子に「お父さん、銀行を辞めちゃった」と言い渡しました。二人は「まあ、何とかなるんじゃないの」といった、拍子抜けするほど、さめた様子でした。

女房は10年余り勤めていたパートの仕事をちょうど辞めたところでした。就職が内定し、卒業を待つばかりだった大学生の息子は、その後、単位不足が判明し、留年が決定。わが家には、野良猫から家猫に昇格したばかりの猫もいて、一家3人猫1匹、全員がいっせいに〝フリーター〟になって、新しい年を迎えることになったのでした。

◇　◇

僕は26年間の銀行員生活に終止符を打ちました。在職中から発表していた小説の執筆を専業とすることに決めてしまいました。組織の一つの駒から、一人の人間に戻ったのです。

会社を辞めるのは怖くなかったのか、といえば、やはり怖い面もありました。僕は計画性がないし、はたして収入を確保できるのかどうか、わかりません。小説家の場合、レコード歌手のように、10年前のヒット曲をクラブで歌って稼ぐわけにはいかないでしょう。

出版社の編集者からは「絶対に会社を辞めるなんて短気をおこさないでください」と何度も釘を刺されていました。理由はただひとつ。食べていけないからです。編集者からは「定期的に仕事のある作家は12人しかいません。雑誌の連載がこなければ生活できませんよ」と言われていました。でも、いざその時になると意外なほど、平静な気持ちでした。明鏡止水の心境とでもいうのでしょうか。退職届を送った後も、普通に熟睡できたのです。

今の僕の名刺に記されているのは、名前と住所・電話番号だけ。すべての肩書がなくなりました。本名・小畠晴喜からペンネーム・江上剛にスイッチしたとたん、素っ裸になっちゃったのです。いい大人なんだけど、無垢な子供になったようでもあります。

でも辞めると、取り替え可能な組織の人間でなく、他に替えることのできない自分自身が存在することがわかってきます。肩書のない僕の名刺を見ると、うら寂しいような、潔くてカッコイイような、複雑な気持ちがします。49年間、連れ添った名前と会社の人生をポンと脱ぎ捨てて、僕は再びゼロからの出発を始めたのです。

会社を辞めるのは怖くない／目次

まえがき 3

第一章 会社は裏切るものだ 15

会社を辞めるって、どんなこと? 16

会社は社員を平気で放り出す 23

あなたが去っても会社は続いてゆくのだから…… 26

第二章 辞める決心・ケジメのつけ方 29

仕事を取ったら何もない、なんて嘘 30

肩書を失う恐怖から脱却する 32

後ろを振り返ってはいけない 35

辞め様を自ら決断する覚悟を持つ 39

会社は人生のすべてではない 44

会社は退職後の面倒を見てくれない 46

恨みは捨てて潔く飛び立とう 48

ポテンシャルを開花させる 50

ボヤキの人生だって選択肢のひとつなのだ　52

第三章　退職のスタイル・プラン　55

準備編　56

キャッシュ・フローを持って定年に臨め　56
通用しない資格は取るな　60
貯金より貯人だ　61

組織人として再出発する場合　65

普段の仕事への取り組み方や一日の過ごし方を見直す　65
飲み会で時間とお金の無駄遣いをしすぎない　68
ポストにしがみつくのは哀れ　70
有効期限の切れた名刺を後生大事に持ち歩くな　73
色眼鏡で会社を見ない　75
転職を繰り返しつつキャリアを積む　77
上司より、部下との人間関係に重きを置く　79
「オレが育ててやったのに」は禁句　82

郷に入っては郷に従え 83
給料は減っても構わない、元の同僚と会社語が通じる心地よい職場で働きたい 85
バブル期のローンは〝社畜〟に徹して返済せよ 86
男は傷つきやすい生き物だ 88
早く切り替えたモン勝ち 90
時にはビッグマウスも有効だ 93
若いベンチャー企業は経験豊かな人材が欲しい 96
独立して再出発する場合 99
会社の常識は社会の非常識 99
経営不振の企業こそチャンス 102
退職金ビジネスの落とし穴に気をつけよう 103
リスクの取り方にはツボがある 105
保険をかけながら冒険する 108
古巣に仕事をもらいに行くようでは成長しない 111
在職中からチャンスを掴んでスキルアップ 116
リスクを取れる仕事の積み重ねが大事 118
エリートより、苦労人のほうがいい結果を生む 122

個人力を身につけることがカギ 123
個人力は特別な人だけが身につけられる能力ではない 125

第四章　江上流フリーター生活 129

僕が小説家になったきっかけ 130
不安はあるけど、不満はない 133
人間関係の棚卸しのチャンスだ 134
利害抜きの友情に助けられる時が来る 137
健康管理ができない人は何もできない 139
通勤時間を有効活用せよ 140
時間活用術 143
妻は亭主をしつけるのが上手 147
「うちの妻に限って」と高を括るな 149
オフィスでの習慣を家庭に持ち込まない 150
妻の器用な生き方を見習え 152
女房の活動をもっとサポートしよう 156
もったいない精神で再スタート 161

会社という呪縛から解かれる時がやってきた　164
あとがき　167

第一章 会社は裏切るものだ

会社を辞めるって、どんなこと？

「会社を辞める」とは、新しい人生に飛び出すことです。会社に入り、ずっと生きてきたけれども、未来の自分は、もうその延長線上にはいられない。そんな状況に置かれた時、人はどう考えて、どんな行動を取るのでしょうか。右に行こうか、左に行こうか、それともまっすぐ進もうか、後ろに戻ろうか。いろんな選択肢を用意してみる中で、右に行けばこういうリスク、左に行けばこういうリスクが待っている。だけどメリットはもっと大きいに違いない……。そんな具合に、思案を巡らすことになるのでしょうか。

通信系大手企業の役員だった人がいます。この人は社長レースで負けて、ライバル会社へ飛び出してしまった。彼の転進は大きな話題になりました。元の会社のライバル会社の社長になったわけですから。元の会社の人たちは彼のことを裏切り者と呼んだことでしょう。しかし彼には止むに止まれぬ選択だったのです。なぜなら仕方なく子会社の社長になり、大人しくしている自分自身をイメージできなかったからです。たった一度の人生だから思い通り生きてみたいと考えたのです。人には成功するか失敗するかなどと思い悩む前に内なる情熱に突き動かされる時があるのです。

後年、彼はこう漏らしています。

「人生の大きなポイント切り替えをどう行うか。人は誰しもメリットとデメリットを天秤にかけ、さまざまな計算をした上で会社を辞めていく。一般的にそう思われているかもしれないが、実際には、そんな計算するなんて無理なんだよねぇ」

ある人の表現を借りれば、「辞める」とは、何か以前からの思いが募り、いつのまにか水が容器いっぱいになり溢れ出してしまった、というようなことなのです。

定年を迎え、「お疲れさまでした、さようなら」とみんなから拍手で送られるケースは別です。でも、定年までのプランを組んでいたにもかかわらず、図らずも辞めざるを得ない場合だってあります。私の場合もそうですし、官僚なら同期が次官になればいっせいに退職します。また最近の企業不祥事の多発する事態を見ていますと、突然、雪印や不二家のように、不祥事による業績悪化に伴うリストラにあうかもしれません。それは前もって計算して選べるものではありません。

物事には、必ず終わりがある、僕は若い頃からいつもそう思って生きてきました。その「終わり」を見つけた時にはあわてないようにしよう、たとえ気持ちとは裏腹の沈着を装った演技になろうとも、決してあわてはしない、と決めていたのです。

僕は、早期退職に応募して銀行を辞めました。サラリーマンとして26年しか勤めていないけれど、それでも澱《おり》のようなものが、いつのまにか溜まっていたのです。ある程度大きな組織にいれば、誰でも何らかの場面で、否応なく頭を抑えつけられる。僕だって、我慢に我慢を重ねてきたわけです。仕方ありません。組織に属している者はまず〝忍〟の一字をいつも飲み込まねばなりません。

僕が銀行の広報部にいた頃、総会屋への利益供与事件や不良債権の処理など、取り組まなければならないことが山のようにありました。自分でリスクを負いながら、命がけで立て直しに取り組んだわけです。なかでも、総会屋利益供与事件が起きたことは、天が僕に与えた試練のようなものだったのです。

銀行に東京地検の強制捜査が入り、逮捕者が出て、頭取や会長が引責辞任する事態となりました。その時、次期頭取に指名された役員（結局彼も逮捕されてしまいましたが……）から「総会屋との取引はすべて解消し、きれいにしたい」と相談されました。もう二度と同じ事件を引き起こしたくないからです。実際に処理できるのは誰だろうか。

総会屋といっても相手は暴力団なのです。まともに戦って勝てる相手ではありません。やりたい者は一人もいないし、と考えた時に、自分がやる以外にないな、と覚悟したわけです。

総会屋関係の取引がどのくらいあるのか、徹底的に調べ上げ、警視庁の暴力団対策課（現在の組織犯罪対策課）に持っていきました。800件もの総会屋がリストアップされたのです。周囲は震え上がり、止めに入りました。総会屋と決別などできないし、そんな多くの総会屋とつきあっていれば、自分たちが逮捕されるのではないかと恐れたのです。けれど、僕は怖いもの知らずで、余計なことを考えている余裕はなかった。もし、自分の安全を図る計算をしていたら、何もできなかったでしょう。問題の解決を真剣に考え、周囲の人間とも摑み合いをせんばかりの議論をしました。敵も増えたかもしれないけれど、達成感があった。おかげで総会屋関係の取引は一切なくなり、銀行は、きれいになりました。

困難なことに対し、責任を持って正面から引き受けたことで、僕は自分の意外な能力に気がつきました。警察や弁護士といった、今までつきあうことがなかったような人々とも信頼関係を結べたのです。

銀行員になって、僕は後ろ指を指されるようなこともなく、組織に対して十分に貢献もしたと思うし、「期待された以上に働いたんじゃないか」という気持ちはありました。僕は初めから上司や役員に対してわりあいズケズケとものを言ってきましたが、平和な時代には、「ちょっと飛び跳ねている、かわいい部下が文句を言っている。おー、ヨシヨシ……」といった程度にしか受け取られなかったと思います。

ところが、行内で思いがけず、誰もやらなかったことをやってのけた部下が、同じようにストレートに言うと、今度は「怖い男だ」と構えられるようになってしまいました。自分では以前と変わらないつもりでも、受け取ったほうは違うらしい。その結果、上司や役員は、私のやったことを評価しないどころか、踏みにじるようなことをやるわけです。例えば、せっかく解消した総会屋関係の雑誌や情報誌の購読を再開しようとしたりするのです。経営者という者は、ちょっと平和になるとかつての危機的状況を忘れてしまうのか、以前と同じ失敗を繰り返してしまうものです。

「上司や役員は、どうやらオレのことを疎ましく思っているな」と感じました。ちょうど徳川時代の加藤清正みたいなものかもしれません。豊臣秀吉の下臣として活躍し、関ヶ原の合戦では確かに徳川方についたけれど、家康にとっては「どうもこいつはヤバイ。熊本に飛ばそうか」という感じでしょうか。人生って、なかなか難しい。

会社に自分の生きがいを求めて、定年まで居続けようと目指す人は、上手に自分の中の容器に「水」を溜められる人なのでしょう。キャパシティーが大きいのか、あるいはうまくストレスを発散するのか。僕は、自分では容量があるほうだと思っていたのですが、実は意外に少なく、溢れてしまった。

元同僚で、僕の1年後に銀行を辞めて大手IT系企業に行った男性が、しみじみこんな話をしていました。「会社を辞める前、同期のヤツと給与を比べたら、自分のほうが100円昇給額が少なかったんだぜ」と。そんな些細なことをとか、官僚的だと笑われるかもしれないけれど、銀行員や役人にとって、毎年の昇給は最大の関心事項なのです。なぜならわずか100円違っても、将来どこまで出世するのか、自分で見えてしまうからです。彼は、「お前が一番だ」「お前は、エリートの道まっしぐらだ」と、ずっと言われ続けてきました。そしていつも昇給通知書を見ては、「うん、俺がトップだ」と満足していたようです。ところが、ある日、同期と昇給通知書を見せ合ったら、なんと同期のほうが100円多かった。彼はこの事実を知って相当ショックを受けたはずです。退職を決断させたのは、挫折感だったわけです。この挫折感の衝撃度は人それぞれです。他人にはつまらないことでも本人には相当なダメージを与えることもあります。

普通にサラリーマン生活を送ってきて、早いうちから挫折を経験し、ちょっと歪んだ盆栽のようになってしまった人もいるでしょう。ところが僕の場合、伸び伸びと育ててもらい、いろいろな局面で自分の思い通りにやってきて、その度に容器が大きくなってきたように思います。ところがついに、それ以上容器が変わりえないという状態になり、水が溢れ出てしまった。そこで「辞めた！」という決心をした。それがすとんと納得してしまったのです。瞬間、解き放たれたという感覚になった。やっと、自分のサラリーマン人生を清算できるのだ、と。

会社は社員を平気で放り出す

融資先に無理やりデリバティブ商品を販売し、一時期、業務停止命令を受けた大手銀行がありました。お客さんが迷惑なのはわかっているから、行員は、本当なら売りたくなかったはずです。でも上司の命令です。心の中で葛藤するけれど、結局やってしまう。

僕は思うのですが、たとえサラリーマンであっても、どうしてもやってはいけないことは、「できません」と言えるような会社との対等な立場を、普段から持っているべきです。持っていないなら、つくるように努力しなくてはなりません。部下に不当な命令を下すような人は、意外と順調にポストが昇進し、それぞれの部署でうまく生き残ったりします。ところが命令に従って、不正な販売をやってしまった人は、そのままそのポストに残る場合があって、運が悪ければその後、逮捕されたりする。

サラリーマンが、法に触れて逮捕されるケースとしてよくあるのは、談合や選挙違反などでしょう。例えば、どこかの業界の偉い先生が選挙に出馬することになったとします。関係のある会社の社員が、こぞって応援に駆けつけたら選挙違反でご用。

昔は、会社のために逮捕されると、会社が面倒を見てくれました。ヤクザの世界と同様、箔《はく》がついたぐらいに見られた。ところが今はどうでしょう。

会社で談合があり、独禁法で部長が逮捕されたとします。その折、会社が逮捕された部長の面倒をみたら、株主代表訴訟で訴えられてしまいます。会社に損害を与えた者を、なぜ会社の費用で養っているのかと言われるのです。そんなことは、じつはある種の方便なのですが、実際に部長が会社に戻ろうとすると、会社はドアをバタンと閉めてしまう。

事実、僕の手がけた総会屋事件で逮捕された方々も裁判費用などで苦労されていました。なかには会社のためにやったのになぜ面倒をみてくれないのかと怒りをぶつける方もおられました。

「会社のために談合をしたのに。今もまだハローワークに通っています」。そんな記事を新聞で読んだことがあります。昔は、会社が社員の面倒をみてくれた。でも今は、捨てられる。ヤクザの世界のほうが、面倒見がいいかもしれない。

ではもし、「やれ！」と命令されたら、どうしたらいいのでしょう。

自分が「ノー」と言った瞬間、その仕事は別の社員に向けられる。すると、その人が犠牲になる。結局、自分は単に逃げただけじゃないか。それは、男として潔しとしない。だったら、そんな命令をしなければならない会社の悪い体質そのものを根こそぎ取り除く以外にないではないか。悩んで悩んで、出すべき結論でしょう。

難題に出合った時こそ、サラリーマンにとって能力を高めるチャンスです。問題を先送りしたり、上っ面だけのポストにしがみついたりしていると、会社に放り投げ出された時のショックがよけい強くなります。

左遷について考えてみましょう。だいたい左遷先というのは、問題の多いところが多い。なぜならその人がつぶれるように異動させるわけですから。僕が最初に行った支店も、不良債権のかたまりのような支店でした。でも、とんでもないポストに就かされたなどと後ろ向きに考えず、問題を真剣に考えると、物事の本質がよく見えるようになるし、その処方箋が作れるようにもなるのです。

すべては「艱難汝《かんなん》を玉《たま》にす」というわけです。サラリーマンは、会社、組織から、いずれ必ず捨てられるという覚悟を持ち、腹を括って事にあたるといいでしょう。ポストに汲々《きゅうきゅう》としてはいけません。またそれらにとらわれてはいけません。あっさりと脱ぎすてられるくらいの勇気を持ちましょう。会社は、55歳、60歳、65歳と、いろいろな形で社員の人生を区切ります。会社生活に必ず最後の日はあります。けれども人生は連綿と続いていくのですから、覚悟次第で楽しく豊かにもなりますし、辛く貧しくもなります。

あなたが去っても会社は続いてゆくのだから……

今、振り返って強く思うのは、サラリーマンの仕事というのは、どんな仕事でも代替がきくということです。そのことを自覚しましょう。会社に行けば、日常的に処理すべき課題があり、やるべき仕事が待っています。サラリーマンが心を病んだり、過労死したりするのは、自分が会社に行って問題に取り組まなければ仕事は進まないと思うからでしょう。他の誰でもない、自分がやらなければと思えることは、ある意味、幸せなことだし、そんなことをつゆも思わない人間はさみしい。

だけれども正直に言うなら、ある程度、合格点レベルの仕事は、「あなた」でなくても、他の誰でもできる。だから人事異動もあるわけです。そこをわかっていないといけない。「きみがいなくても、会社は続く」。会社はそう考えています。社長でもない、誰が動かしているのかよくわからない、実態がよくわからない会社という法人格が主語となって、「きみの代わりはいくらでもいるんだ」と考えているのです。

日常的な仕事は、誰が定年退職しようが続いていく。冷たい言い方かもしれないけれど、会社につぶされないためにも、「自分がやらなければいけない」と思わずに、「会社というのは、いつでも自分の代わりを用意するものだ」と絶えずどこかで冷めた目を持ちながら、退職というエンディングに向けて準備していく必要があると思います。

あなたが運よく社長になっても同じことです。県知事の多選の弊害が言われますが、社長の多選の弊害もあります。せいぜい3期6年まではないでしょうか。10年、20年と同じ人が社長をやっている会社は必ず悪くなります。社長こそ「自分がやらなければならない」「自分がいなければ会社はダメになる」という意識を捨て去ってほしいものです。

第二章
辞める決心・ケジメのつけ方

仕事を取ったら何もない、なんて嘘

辞めるべきか、このまま続けるべきか悩む時があります。僕の場合もそうですが、上司と決定的に折り合いが悪くなり、このままだと自分が壊れてしまうのではないか、そんな悩みに囚《とら》われたことがあります。それは自己防衛本能が働き始めるからです。そこで定年前の退職を考えるのですが、その時に、どこからも誘いがないし、再就職先がみつからなければ、なかなか辞めることはできません。となると、上司が先に辞めていくのを待つか、我慢に我慢を重ねてノイローゼになるか……、極端な場合、そのような状況にまで陥ることがあります。

一方で、〝会社を辞める〟ことに現実味がなければ、まだ自分の問題として深まっていないと言えるでしょう。自分自身の痛みを感じてないし、悩んでいるのすらわかってないかもしれません。家で暗い顔をしてムスッとしていると、奥さんに「お父さん、どうしたの？」と問われ、「何か、嫌なんだよ、この会社にいるのは」とブツブツ答える。そんな会話がある時は、まだ喫水線まで達してないのです。でも嫌な思いを放置していると着実に心身は蝕《むしば》まれていきます。

中高年のサラリーマンが何万人も自殺しています。毎年3万人以上の自殺者のうち半数が50歳以上の人で、その70パーセントが男性だそうです。本当に見るからに深刻でどうしようもない感じの人ばかりが自殺を選択しているのかというとそうではない。例えば、自殺した作家の芥川龍之介が抱えていたのも、ぼんやりとした不安だったではありませんか。

たいてい普段どおり勤務していて、突然電車に飛び込んでしまう。人間とは不思議な動物で、まさか、あんなに元気に働いていたのにという人が自殺してしまうことがあるのです。

退職を決断する前に、漠とした不安の中で自殺という最悪の選択をする。たぶん会社を辞めることが最大の恐怖なのでしょう。長い時間をかけて会社に取り込まれ、「会社こそ、お前の人生のすべてだよ」とマインドコントロールされているのだから、無理もないかもしれません。家族から、「仕事を辞めたら何が残るの」と言われると、「その通りだ」とうなだれる人がいるかもしれませんが、本当はそうじゃない。会社を辞めてみると、じつは意外に残っているものがあるんです。

肩書を失う恐怖から脱却する

会社を辞める時に押し寄せてくる複雑な思い、それをどう整理し、自分の中に落とし込むのか。それは重要なポイントです。

〝第一勧銀総会屋事件〟が起きた時に実際にあった話です。ある役員が、立場上、事件の責任を取って辞めざるを得ない事態になりました。彼が必死に頭取に頼んだのが、「何とか娘の結婚式まで、今のポストを維持させてもらえないだろうか」ということでした。退職日は通常、月末が多いのですが、たまたま娘さんの結婚式がその月の中旬に開かれることになっていたのです。結局、希望はかなない「娘の結婚式に肩書があってよかった」と、彼は心から安堵していました。

それなりに頑張って積み上げてきた地位のまま、子供の晴れの舞台に出たいという思いが、男には共通してあるのではないでしょうか。「早く結婚しろ」と子供をせっつくのも、ある程度自分の地位が高い時に結婚させたいからかもしれません。もっとも当の娘さんにとって、どんな立場にあろうと、父親は父親。社会的地位をそれほど気にしていない場合が多いようです。ある意味、自分の見栄というか思い込みなのですが、案外、それが典型的なサラリーマンの気持ちだろうと思います。

なぜ人は肩書に振り回されるのでしょうか。

会社である程度の立場にいた時は、出入りの人たちが皆、自分に頭を下げてくれていた。ところが辞めた途端、誰も頭を下げてくれなくなるわけです。これは大変なショックです。そこで「会社に残っていたら、自分はひょっとしたら専務になっていたかもしれないなぁ」とか、いろいろなことを想像する。僕だって、先輩から「君なんか、残っていたら今ごろ常務だよ」と言われたりするわけです。今さらしようがないことなのだけれども、「常務って、いいよな」なんてつぶやいてみる。すると嬉しいような、傷つくような、おかしな気持ちがしてきます。

確かに何の肩書がないのもサバサバしていていい。けれども、男というものは勲章好きの生きものです。芥川龍之介も『侏儒の言葉』で「なぜ軍人は酒にも酔わずに勲章を下げて歩かれるのであろう？」といったことを書いています。勲章を肩書と替えてみればよくわかりますが、人は肩書をぶら下げるのが好きなのです。組織の中で生きていて、肩書が一つ増えるごとに喜びや達成感が生まれてくるからです。

ところが、今はだんだん肩書がなくなって資格だけで表す制度に変わっています。ポストが減らされ、昔ながらの課長、部長、次長という立場ではなくて、何とかリーダーとか、何とかチーフとか、よく訳のわからない肩書が付いていたりします。プロジェクトが立ち上げられるごとに、グループリーダーが決められたりします。

銀行のような保守的な職場でさえ、ポストが少なくなりました。資格は給料とリンクしているから、給料は上がるにしても、「長」の付く肩書は減っているのです。支店長のポストさえ狭き門です。そうなると、いつまでたってもヒラのような気分になってしまいます。

取締役だって大企業には昔は40人も50人もいましたが、今は10人ぐらいしかいません。取締役になれるかなれないかは大問題。よしんば、かろうじて執行役員の肩書が付いたとしても、「昔の役員と違って尊敬されていないんじゃないか。小間使いのようになっているんじゃないか」と疑心暗鬼になります。まして会社員人生の途中で突然出向を命じられたりすると、まず「どういうポストで出してもらえるのだろう」ということが頭に浮かぶようです。

また取締役と一言で言ってもいろいろです。銀行のように大きな組織では、関係会社に出て行く時、平取（平取締役）の人が、一気に社長になるケースがあります。たまたまそのポストが空いていたとか、いろいろな人事の絡みでそうなるのですが、そうすると同じ転出組で、その人より役職が上だった専務や常務などが社長として迎えられなかった場合、不満の気持ちが湧いてくる。「本来なら自分が社長になれたはずじゃないか……」などとブツブツ言う。そこで見栄が張れるポストを自分のために新たに作らせたりします。無駄なことですが……。

本当に気持ちの整理がつかない人が多いのです。

後ろを振り返ってはいけない

再就職先を探すために、ハローワークや人材派遣会社に相談に行くと、最初にアドバイスされるのは、気持ちの整理についてです。次の就職先では、現在のポストと同じような肩書に就けるわけではない。気持ちを切り替えて仕事をしなさい、そうでないと駄目になりますよ、と、まずガツンと言われるわけです。

たまたま前にいた会社の中で偉かったりすると、「こんな立場で働くべきではない」「自分はこんなことをする人間じゃない」などとすぐ思ってしまいます。

最初からなかなかプライドを捨て去れないのは仕方がないかもしれません。

大会社にいた時は、コピーやファックスひとつでも部下に頼めました。「コピーを取ってきて」とか「今日のスケジュールはどうなってる？」と言うと、すぐに女子社員や秘書が応えてくれる。ところが、普通の中小企業や中堅企業に再就職した時に、「コピーをお願い」と言いたくても、周りにはやってくれそうな相手は誰もいません。

また大会社では、周りにいる社員のレベルはそれなりにそろっています。1を聞いて10を知るような部下はあまりいないにしても、少なくとも1を聞いて5ぐらいまではわかってくれる。ところが、失礼な言い方かもしれないけれども、中堅企業や中小企業の社員はわりあい玉石混淆なんです。なかには、自分が1を言ったのに、マイナス0・5

の理解だったりする部下もいる。そこで初めて「オレは、これまでなんていい職場にいたんだろう」と気がつくわけです。「あいつらはダメだ」とかクソミソに言っていたかつての部下のことを、じつは優秀な素晴らしい奴らだったんだと思ったりする。でもすでに〝遅かりし由良之助〟ですね。

再就職とはそういうものです。だから、気持ちの整理、すなわち自覚と覚悟がいるのです。

僕は銀行を辞めた時、経済ジャーナリストの財部誠一さんからいろいろ助言をいただきました。まず言われたのが、やはり「気持ちの整理をつけなさいよ」ということです。

彼は野村證券の社員から、フリーランス・ジャーナリストになった人です。そんな彼がこう話してくれました。

「私は野村證券を3年ぐらいで辞めたので、地位も何もなかった。だから失うものも何もありませんでした。けれど江上さんの場合は、30年近くも勤め、それなりの地位もあって辞めたわけです。そうすると、きっと後ろを振り返りますよ。僕の周りで役員などになって辞めた人たち、あるいは官僚の人たちはたいていそうです。

地位があった時には、周りのみんなが持ち上げてくれたけれど、退職すると裸になります、ただの人になるわけです。すると、いままでのような気遣いや特別待遇はなくなります。一方で、会社に残っている人間は、会合があれば車や秘書付きでやってくる。もしもあのまま残っていたら、今頃、自分はどうなっただろうか。こんなみじめな思いをしなかったはずだ。そんなことを思うようになります。しかしそれでは絶対うまくいきませんよ」

その通りだなと思いました。僕がもし退職せずにいたら、バリバリの『ミスター銀行員』になっていたかもしれません。でも辞めてしまったわけですから、今さら後ろを振り返っても仕方がありません。何があっても戻れないのですから。僕は財部さんの忠告をしっかりと胸に刻みつけました。僕はもともと、相手が誰であろうと、何であろうと、「いつ、どこからでもかかって来ていいよ」と胸襟を開いて迎えるところがあります。作家の玄侑宗久さんにも「江上さんって、構えがない人ですね。サラリーマンをやっていたようには見えない」と言われたくらいです。単に、カッコつけて構えてやろうとしても、できないだけですが。ですから、いざという時、心はあちこち揺れるかもしれないけれど、自分は後ろを見ずに現実を受け入れ、前を向いて進むだろうという感じはありました。

辞め様を自ら決断する覚悟を持つ

日本の定年制がこれから先、どうなっていくかはわかりません。廃止しようという意見もあります。でも今のところ、会社が決めた定年になれば、自動的に退職という現実が目の前に現れます。

定年退職を改めて考えてみるなら、これは長い間、不治の病を患っているようなものではないでしょうか。治療をし続けますが、間違いなく死期は来る。本人や家族にとって、こんなに悲しいことはありません。しかし物事はすべて考え方次第です。不治の病ということは、じっくりと死の準備ができるということです。それも、微笑みながら楽しんで準備することもできます。

一方、昨日まで元気だった人が突然交通事故で亡くなると、不治の病とは少し異なる大きな喪失感があります。会社でいうなら、さしずめリストラに遭ったケースでしょうか。家族はもちろん、死んだ本人も「自分はこんな死に方をするはずはなかった」と思うのではないか。死んだ人が思うというのはおかしな話ですが、僕にはそう思えるのです。だから地縛霊などになって、その土地に憑《つ》いたりする。死ぬ準備も何もできていませんから。死んだ本人も死を理解できない、納得できないと思います。

ところが、定年退職の場合は、サラリーマンにとって、間違いなく約束された死です。いろいろな終わり方があるけれど、いずれ終わりが来る。死に至るまでの時間の長さを決めているのは、自分ではない、会社という死に神です。55歳とか60歳、65歳までと、会社が勝手に死期を決めるのです。

約束された死、すなわち退職に不安はないのか。当然、不安です。自分が長い時間をかけて培ったものが、次の職場へ移ったとたん、使えなくなる可能性があるわけですから。僕もそうでした。作家になんかなりましたから、銀行時代のスキルは役立ちません。僕はかつて人事部にいた時、行員たちに「あるポストで上っ面だけ経験したようなスキルは、その組織の中でしか通用しないよ」と言いました。

「定年退職って、突然やってくるんだね」などと言う人は、はっきり言って、浅はかです。

きちんと仕事をなし遂げ、後から周りがもめないように自分の仕事の引継ぎや後継者の育成という意味の〝遺産相続〟についても考えて準備しておく。それこそ「会社だけが自分の人生のすべてではない」ということを考えつつ、準備を怠りなくする必要があります。こうしておけば安心して死を迎えられます。備えあれば憂いなしです。

もちろん、サラリーマンには「突然死（事故死）」がやってくる場合もあります。60歳まで勤めるつもりでいたら、肩叩きされる。かつて僕も早期退職に関する書類が突然届いたことがありますが、まさか自分の身に降りかかってくるとはつゆも思わず、同僚の相談に一生懸命乗っていたのですから、おめでたい限りです。辞めるべきかどうか悩みを訴える同僚に辞めないほうがいいよとアドバイスをしたのです。彼はアドバイス通り辞めませんでしたが、僕が辞めたものですから、彼は呆れ果てていました。

会社の倒産も突然死といえます。

サラリーマンは、時間の流れに逆らわず、呑気に暮らしている面があります。情けない人種だと言われれば、まさにその通りです。「無事これ名馬」ではないけれど、「自らリスクを負って仕事をしているんだ」などと偉そうなことを言いつつも、「人生、今日の次には必ず明日がある」と思い込んでいるのです。だからまさか自分の会社がつぶれるなんて、ありえないと信じています。

ところがある朝、出勤したら、「本日、民事再生法を申請しました」という紙が入口に貼りつけてあって、「えっ!」と驚愕する。マスコミが押しかけてきて、マイクを突きつけられても、「全然知りませんでした」と言うのがやっと。知らないのは当然です。たぶん役員だってほとんど知らなかったのでしょうから。

僕がかつて担当したA社は中堅の商社でしたが、海外の在庫をごまかしたり、売上げを水増ししたりして粉飾決算をしたあげく倒産してしまいました。その時、粉飾決算を実際にやっていた経理部長さえ「潰れるとは思わなかった」と言っていました。笑えない話ですが、本当のことです。それくらいサラリーマンは危機意識がないのです。

でも会社が倒産したからといって慌てる必要はありません。

問題のある会社はどこか淀《よど》んでいます。ですから倒産して解放感を味わう人も多く、意外と早く新天地が見つかるケースがある。特に倒産ぎりぎりまで自分の仕事を果たそうとしていた責任感の強い人は多くの会社から引く手あまたになることが多いようです。

合併やM&Aも、突然死に加えてもいいでしょう。僕が昭和52年に銀行に入った時、都市銀行と言われる銀行は13行ありました。それが今は4行しかありません。太陽神戸三井銀行がさくら銀行になり、協和銀行と埼玉銀行が合併してあさひ銀行になり、第一勧銀が興銀と富士と一緒になる……。いずれのケースも、皆が「まさか」と思っていた合併です。

合併やM&Aになると必ずリストラがあります。役員コースに乗っていたとしても吸収される側になれば、辞めなくてはならないこともある。東京三菱銀行とUFJ銀行、かつての住友銀行と平和相互銀行等、吸収される側の人は新しい会社に残るのはなかなか難しいようです。いつの間にかいなくなっていると聞きます。

とにかく何が起きるかわかりません。組織に勤めている人間にとって、いざという時、ジタバタしないよう、日常的な準備をしておくことは重要です。なぜなら間違いなく、どんな人にも、終わりがあるからです。入社した時から、そう思って働いていたら間違いない。それは断言できます。終わりがないのはオーナーだけ。オーナーは会社が買収される以外は終わりがありませんから。

できうることなら、死刑宣告を受けるのではなくて、自分の死に様くらいは自分で決めたい。そんな気持ちで働くのがいいんじゃないでしょうか。先々のために転職先リストを抱えて転職コンサルタントに相談しておけ、というようなことではありません。心構えとして必要だと思うのです。

会社は人生のすべてではない

このところ、大手企業の不祥事が続いています。トップの出処進退を見ていると、愚かだなあとつくづく思ってしまう。保険金の不払い問題などで金融庁から処分を受けた損害保険会社にしても、社長は「私が退陣しなくちゃいけないんでしょうか。だったら、取り敢えず社長職を譲って、会長になります」という気持ちが見えすいて、当然、世間から非難され、あえなく辞任しました。

大企業の社長にまでなった人であれば品格が求められます。品格はいざという時の身の処し方に表れます。もちろんトップばかりでなく平のサラリーマンであっても、最悪の事態が来ることを予想しておかないと、醜態をさらすことになるやもしれません。

どこかで〝会社は人生のすべてではない〟との思いを持つこと。それは、今後、定年退職を迎える場合でも、早期退職をする場合でも、一番大事なことでしょう。会社の人生がすべてだと思うから、トップになっても出処進退を間違えてしまう。地位にしがみついておかないと、自分が何者であるかわからなくなってしまう。こんなに立派な地位に就いたのに、次の人生で惨めになるなんて考えたくもない、というわけでしょう。

しかし、〝何事にも終わりはある〟のです。だから最初の人生で死期を迎えたら、〝ヒョイと身軽に次の人生に乗り換えよう〟そんな気持ちを持っておく必要があるのではないでしょうか。

会社は退職後の面倒を見てくれない

いざ退職という時、会社によっては、右から左に次の職場やポストを用意してくれるところもあるでしょう。でも、「退職金を受け取り、しばらく失業保険で食いつなぎながら、再就職口を探しなさい」というのが普通です。

実際、昔と違い、社員の再就職に対する会社の面倒見は悪くなっています。中小企業に勤めていた人は、「昔から面倒なんか見てもらえなかったよ」と異をさしはさむかもしれません。でも、ある程度の大企業や役所などは、本人のプライドを傷つけない程度の手当てをする余裕があったのです。今やそれがない。「自分の勤め先は自分で探してきなさい」とか、せいぜい「アウトプレースメントの会社（転職支援会社）を紹介しましょうか」と言われるぐらいが関の山です。

もっとも、面倒見の悪い会社の姿勢に不満を持つ世代は、50歳以上の人たちが最後かもしれません。20代、30代の人たちは、会社は何もしてくれないことがわかっています。年金だって払ってもらえるかどうか怪しい。だったら自分も会社に恩義を感じる必要はない。逆に会社を利用することを考えたほうが賢い、というわけです。

どれだけ人脈を作れるか。どれだけ勉強できるか。仕事のスキルやノウハウが身についたら、さっさと次のステップへ移る。これが今の若い人の行動様式です。この行動様式は世界中どこでも普通のことです。誰も彼もが愛社精神を強制され、ひとつの会社にいることが良いこととされるのは日本だけです。また会社が次の人生を用意してくれるのも日本だけです。官僚に「天下り」というシステムがありますが、シンガポールの官僚と話をしていたら、「天下りシステムはおかしい。自分の人生くらい自分が責任を持つべきだ」と批判されてしまいました。日本のシステムが普通ではないと考えたほうがいいでしょう。

金融機関に不祥事が頻発していますが、上司の理不尽な命令を、部下が平気で機械的にこなすという感覚も影響しているような気がします。立場の弱い融資先にデリバティブの押しつけ販売を言いつけられて、「こんなひどいことをしたら、お客に申し訳ない」と悩む部下。かたや、「無理やり売って自分のノルマを果たせばいい」とドライに割り切る部下。今、若い人たちには後者のタイプが増えているようです。顧客との関係とか、仕事に対する哲学とか、そんなことはまるで関係ないのが今の若い人です。ノルマを達成すればいい。上司の命令はそのまま従うまでだ。責任は上司が取るのだから。そんなことが影響しているように思えてなりません。

たしかに決していいことだとは思いませんが、気持ちの整理のつけ方に悩んでいる方は、そんな若い人たちの感覚に呆れているだけではなく、「なるほど。会社の人生だけが、すべてではないんだな」と、いい方向に考えるヒントの一つにしてはいかがでしょうか。

恨みは捨てて潔く飛び立とう

「リタイア」というと悠々自適の暮らしをイメージするでしょう。でも、それを実現するためには、必ず準備や心構えが必要です。

ここで一つ、重要なことがあります。会社を辞める時には、ある程度、満足感を持って辞めたほうがいい。これは絶対条件です。

思ったように出世しなくて、悔いを残すことはきっとあるでしょう。「俺は、もっと偉くなれるはずだった」とか、「あの時、上司に恵まれなかったからだ」などと、いろいろなことを考え始めます。

辞める理由は、会社や上司に対する不満など、いろいろなマイナスの思いが募った結果であっても構いません。でも「会社が面白くなかった、俺はこの会社の奴隷だった」とか「人生の無駄だった」などとぶつぶつ言いながら辞めてはいけません。「間違いなく死期が決まっている。そこに向けて精いっぱい準備させてもらった。幸せに旅立ちます」という気持ちを持って辞めたい。そうでなければ、きっと第二の人生に失敗します。

不満や恨みを残しながら辞めると、過去に引きずられてしまう。こうなると、さっそうと前に進んでいけなくなる。残念ながら、退職後、多くの人が吹っ切れなくて、自縄自縛に陥っています。遺恨を残して死ぬと、この世に化けて出るようになる。成仏できないのではないでしょうか。

次のキャリアを求めなければならない時、最も必要とするものは、自分が歩んできたサラリーマン生活に対しての自信なのです。僕自身、そういう心構えを持って辞めましたし、現在もそう思っています。

ポテンシャルを開花させる

日本の会社全体を眺めてみると、いかに人材が偏って存在していることか。そんな話を産業再生機構の専務・冨山和彦さんとしたことがあります。

大企業に勤めている人間は、全サラリーマンのうちのわずか1～2パーセント。その1～2パーセントの人間が、ほとんどの富と地位を独占しているのです。その人たちの出身大学は、東大、一橋、早稲田、慶應あたりが占めている。その1～2パーセントの人たちの間で大変な競争があって、その結果、一つの大企業の社長になれるのはたった一人です。このように考えると、官僚の世界も含めた、どんな大会社でも、ほとんどの人は能力をつぶされているのです。生かされていないのです。

もちろん、いわゆる一流大学を卒業した人は、みんなが大企業に入っているわけではありません。中小企業・中堅企業に行き、それぞれトップを目指して競争しているわけですけれど。

「もし、大企業に行った1～2パーセントの優秀な人たちが、ポンと外に飛び出して、会社や立て直しが必要な中小企業で存分に能力を発揮してくれる仕組みを作れたなら、会社や社会にもっと貢献できるはずだ」。そう冨山さんはおっしゃっていました。

もちろん、1~2パーセントに入っている人の誰もが力を発揮できるわけではない。それには条件があります。まず現場感覚がある人、頭の切り替えられる人。そういう人が活躍できます。「自分は偉いんだ」とか、「どうしてこんなボロ会社に、俺が行くわけ?」なんて態度を取る人は、まず失格です。再建が必要な会社がボロなのは当たり前でしょう。

しかも「せっかく来てやったのに、誰も俺を尊敬しないとは失敬な」なんて思うのも、大きな勘違いです。だって、ネジ一本作ったことのない人が、ネジ工場の再建に行くわけです。最初からいろいろなことを学ぼうという姿勢がない限り、従業員からは尊敬されません。能力を発揮するにはそんな謙虚さが大事です。

頭の切り替えができて、会社に上手に溶け込めた人が、リスクを背負った分だけの見返りを得られます。

自分の能力を第二の人生で開花させたいと思っている人は、基盤がある程度、安全なところからで構わないので、そこを踏み台にして、一度は飛び出してみることが必要ではないでしょうか。例えば多少悔しい気もしますが、元の会社の仕事を受注すること、奥さんの実家の事業を引き継ぐなどです。何しろ、チャンスはいろいろある時代です。若い人もどんどん起業しているではありませんか。会社で生かせなかった能力の開花に挑戦しましょう。

ボヤキの人生だって選択肢のひとつなのだ

そうは言っても、会社を辞めるにあたり、気持ちの整理はなかなかつけられるものではありません。だったらいっそ、グュジグジュぼやいて暮らすという選択肢もあります。かつての同僚との飲み会、あるいは会社の同期会など、集まりも年を重ねるごとに次第に増えてきますから、まめに顔を出すのです。

「今の会社はまるでダメさ」

「面倒見が悪くなったもんだよ」

愚痴を言いながら、お互い慰め合う仲間の輪を作るわけです。そして最後まで、会社にしがみついて離れない。そんな生き方だって決して捨てたものではないかもしれません。いっそ開き直る。踏んばって、頑として動かず、確信犯的に堂々とグジュグジュ言いながら年を重ねていくのです。誰もかれもがカッコよく、人生の再スタートを切らなければならない、なんてことはありませんから。

でも、ただボヤいてばかりいたら人生の時間の無駄づかいです。その場でボヤいたら、それでスッキリと気分転換して、前向きな明るい一歩を踏みだすのです。あくまで活力源としてのボヤキです。

第三章　退職のスタイル・プラン

キャッシュ・フローを持って定年に臨め

団塊の世代が定年を迎えて受け取る退職金の総額は、80兆円とも推計されています。巨額な団塊マネーに、金融機関は熱い視線を注いでいるようです。

退職金の使い道は、よほど慎重に考えないといけません。利回りの高い投資は、リスクが高い。基本に帰って、投資効率が高いものと安全性の高いものとを分散しながら、いろいろバランスよく組み込む必要があるでしょう。焦っておかしなビジネスに投資し、退職金をすっからかんにしないよう注意しなければいけません。

リタイア生活はある意味、投資をすることと同じです。安全性とリスクの兼ね合いをよく考えなくてはなりません。例えば退職金を3000万円受け取って、全部を定期預金に預けるとします。でも、現在の定期預金は0・3パーセントくらいでしょうか、1000万円預けても1年間で3万円です。利息はわずかしか付きません。

なまじっかストックを持っていると、減るのが不安になります。つい、スイスにお金を預けませんか、なんていう誘いに乗り、だまされてしまう。また〝おれおれ詐欺〟に引っかかってしまうのです。

逆にこんな例もあります。親の遺産をあてにし、いい気になって遊んでしまった息子がいた。ところが、親が亡くなったら実はほとんど遺産がなかった。残ったのは、自分が親の遺産をあてにして作った借金だけでした。こんな悲しい、愚か者もいるんです。この愚か者は、今の日本の姿でもあるようですけれど。

経済が右肩上がりの時代には、親の財産、すなわちストックを頼りに暮らしていてもよかったのです。放っておいても経済成長の分だけストックも増えていったからです。

例えばフジテレビとか、ミレアホールディングス、電通などの優良大企業に勤めていたら、30代で家を建てることができるかもしれませんが、普通は、40代に入った頃から、家やマンションを買おう、ということになります。ストックの増加が期待できる時代は、ローンを返しながらでも、急に資金が必要になればストックを処分することによってフローを取り戻せたのです。ところが今はそういう時代ではない。ストックはストック、フローはフローとして考えたほうがいい。ストックの増加に期待するなということです。

特に定年後は、フローをどう活かすかが重要になると思います。

例えば、築何十年か過ぎた自宅をそろそろ改築しなくてはと、新たに多額のローンを抱え込むのは絶対に避けるべきでしょう。いずれ子供は独立し、自分と妻だけになるのであれば、豪邸に建て替える必要はない。年老いて体が不自由になった時のことを考え、家の中をバリアフリーにする、ということはありうるでしょう。あるいは自分の終《つい》の住処として、高齢者向き集合住宅へ住み替えるという道もあります。長期的な見地に立って選択肢を考えてみることが重要です。

いずれにしても、今さらストックに投資をし、その増加に期待するのはどうかと思います。それよりもフローとしてどれだけキャッシュを持って定年に臨めるかが肝心です。年を取れば取るほど自由になるキャッシュフローを持っていることが必要になります。若い頃のように稼ぐことができなくなるわけですから。これからは、そういうことを考えながら働いていくことが大事なのではないでしょうか。

自分のリタイア生活において、ハイリスク・ハイリターンに挑む。もしそれが冒険すぎるなら、あるいはミドルリスク・ミドルリターンで、人生の選択を考えてもいいのではないかと思います。しかしどの場合も甘く考えずに、背水の陣で臨むのです。

おおかたの大企業のサラリーマンは、再就職先として会社からの斡旋を一度断ると、「もう知りませんよ。どうぞご自由に」と突き放されるケースが多いでしょう。それでは困るから、納得できなくても、しぶしぶ斡旋を受け入れる。会社が小さい、給料は少ない、立場も悪い、ないない尽くしだなぁと、ぼやきながらも通勤するわけです。でも、それでいいのでしょうか。

元の会社の斡旋がもうないとなると、仕事が見つからないし、ホームレスになる可能性だってゼロとは言えない。しかし、自分がいたサークルから飛び出そうという気力を持っているのだったら、外へ飛び出してみるといいでしょう。まったく異なるサークルが開いているかもしれません。もちろん、そば打ちとか、コーヒーショップを開くばかりが定年後の道ではありません。世間は、じゅうぶん広いのですから。

でもそのためにはフローとしてのキャッシュが必要です。退職金が出たからといってストックとして動かせないものにすぐに投資してはいけません。いつでも動かせるようにしておかねば飛躍のチャンスを逃してしまいます。定年後は、あなたのフローとしてのキャッシュが勇気を与えてくれます。

通用しない資格は取るな

就職活動に少しでも役立つように、資格を取ろうとする人が増えています。資格賦与は、今、ニーズが高まりつつある不安払拭ビジネスの一つかもしれません。

司法書士、宅建、ボイラー技士、危険物取扱者など、資格の種類もバラエティ豊かです。資格は再就職するさいのアピール材料として有効な場合も多いでしょう。

ただし、単なる資格マニアになったのではつまりません。公的資格ならまだいいですが、会社で求められる保有資格は、その会社内でしか通用しないものも意外に多いのです。せっせと勉強して資格を取り、地位も上がりそうだけれども、将来、いったい何に使えるのかがわかりません。どうせ取るのだったら外に出ても通用する資格がいいでしょう。

資格を取得するだけなら、たとえて言えば、着たことがなくて似合いそうもない服を突然、買ってみるのと同じです。果たして、お金を払って努力して取った資格を実際に活かし、仕事として成り立たせることができるのか。お金に換えられるのか。そのためには明確な意志のようなものが必要です。税理士の資格を取ったからといって、そのまま税理士になれるわけではありません。顧客を摑む能力がいる。営業能力や組織力のほうがより優れているのであれば、いっそのこと税理士事務所を設立したほうがいいぐらいかもしれない。

もし資格を取るのであれば、将来自分の収入源の一つになるようなプランを組むことが必要になるでしょう。

貯金より貯人だ

会社を辞めて、次の会社に行くにせよ、事業を起こすにせよ、そこで最も役に立つものは何でしょう。それは人脈だと僕は思います。

再就職先で営業を担当したとして、前の会社で培ってきた人脈をたどることもできます。

後（68ページ）で詳しく述べますが、僕が「飲み会は一次会で終わらせよう、夜に営業なんかしないほうがいい」と言うわけは、じつは人脈作りの大事な時間にもなりうるからなのです。

夜のオフタイムは、会社とはまったく別の場へ出かけていきましょう。地域のサークルや勉強会での自分は、所属する会社とは切り離された存在です。「私は、どこそこ会社の部長です」などと伝えるシチュエーションはまずありません。立場や会社のレッテルをすべて外した中でつきあうと、自分の真の力を磨くことができます。

会社では、一緒に仕事をする人を自分で選ぶわけにはいきません。どんなに相性が悪くてもチームを組まなくてはならない。でもサークルや集まりなどでは、気が合う人を自分で選ぶことができます。素の自分自身をぶつけてつきあうと会社の人間関係以上に親密になります。こうなればしめたものです。大きな財産になります。

例えば僕が小説を書くために取材をしたいと考えた時、いつも助けてくれるのは、社外で培った人脈です。電話をして「こういうことを教えていただきたいのだけど」とお願いすると、喜んで会ってくれます。

利害に関係なく広げられた人脈から、瓢簞《ひょうたん》から駒が出るように、仕事の依頼が来ることだってあります。僕は、食いっぱぐれのない人というのは、人脈に投資した人ではないかなと考えています。

戦前〝三井の大番頭〟と言われ、後に日本銀行総裁を経て大蔵大臣になった池田成彬《せいひん》も、そんな人でした。昔の銀行の役員は、今と比べても非常に給料が高かった。ところが、成彬は貯金があまりなくて、引退するまで三井銀行に借金があった人です。周りの人が心配して財テクのやり方をアドバイスしようとすると、「いや、僕はきみと違って人に貯金しているから」と、平然としていたそうです。

僕自身、銀行員時代での最も大事な財産が何だったかを振り返って考えると、〝人〟だと言うことができます。営業をやっていて知り合ったお客さんとは、銀行を辞めた今でもつきあいがあり、何かと応援していただいています。もちろん、将来を考えてつきあったわけではありません。人という財産の価値は、案外、若い頃は気づきにくいものなのです。引退する頃、あるいは引退した後にその価値に気づくことが多いようです。

ビジネスの世界で、人といい関係を作るには、正直に仕事をすることが必要です。「私から仕事を取ったら何も残りません」という顔でガンガン営業すると、お客さんのほうが腰が引けてきます。逆に、「この営業マンは、仕事を取ることだけでなく、こちらのことを半分くらいは考えてくれているようだ」と感じさせるような対応のほうが、結果的にいい成果を得られるはず。

僕は総会屋事件の頃、新聞やテレビの社会部記者さんに追いかけられました。僕は逃げずに、正面から取材を受けました。この姿勢がよかったのでしょうか。今でも多くの記者さんに大事につきあっていただいています。これは営業ではないですが、どんな時でも相手のことを考えて対応した結果だと思います。

人脈づくりには相手に素の自分をまっすぐぶつける。それが基本です。「あの人とは長くつきあいたい」「何かあったら支えてやろう」と思われるような、力のあるつきあい方を、現役時代からしておくべきではないでしょうか。人脈は、ポストが上がったからといって作れるものではありません。どんな人でも、役職の高さに関係なく広げることが可能なものなのです。

会社人生は、25年とか30年とか区切られた期間でしかありません。それなのに会社がすべてだと思い込むから、会社の利害ばかりに振り回されて、人を人として見てつきあうことを、なおざりにしがちなのではないでしょうか。これでは本当の人脈を築くことはできません。

組織人として再出発する場合

普段の仕事への取り組み方や一日の過ごし方を見直す

普段の自分の仕事ぶりについても、もう一度見直してみましょう。例えば、毎日、あなたのもとに多くの書類が上がってきます。それにポンポンと機械的に判を押してはいないでしょうか。役員間近の人なら、判を押しながら頭に浮かぶのは、「次に、自分はどこのポストに行くのかな。ここのポストは、1年もいれば十分だし」なんてことばかりかもしれませんね。そんなことより書類の中身について、ちょっと関心を持ってみましょう。この案件がスタートしたら、システムはどう変わりうるのか、これはなかなかおもしろい事業をやっている会社だな、等々。自分にはあまり関係のない領域の業務だとしても、ある種の好奇心を持って関わっていくといいです。そういう姿勢を維持していれば、別の会社に行った時、例えば人事制度を作ってくれと言われた時、たとえ経験がなくとも作ることができます。あるいは、自信を持って取りかかることができる場合が多いでしょう。

このように普段の会社での仕事が、そのまま第二の人生への積み重ねなのです。毎日を同じように繰り返すのではなく、好奇心いっぱいに目を輝かせて暮らしましょう。そうすれば知らない間にスキルが身についていきます。参考までに言いますと、再就職先の面接で「これができますか」と問われ、「やったことがありません。できません」と答えると、それで終わりです。そんな回答をしないためにも普段の仕事への取り組みが大事なのです。僕はサラリーマンをしながら小説を書いていた頃、よく「土曜日と日曜日に執筆しているのですか？」と聞かれました。じつは毎日書いていたのです。朝、4

時頃起床して2時間ぐらい原稿を書く。6時頃朝食を取り、7時頃、勤め先へ向かうといった生活でした。普段の仕事として小説を組み込んでいたのです。

休日にまとめてやるのは難しい。毎日こつこつ続けることが重要です。

資格を取るために勉強をしようと、日曜日になると子供や妻をほったらかしにして、一日図書館などにこもる人がいます。でも日曜日を勉強に充ててしまうやり方は、案外、うまくいかないのではないでしょうか。それより、サラリーマンは、出勤前の朝の時間を活用するといいと思います。それも、きっぱりと自分で起きること。40代、50代で、ある程度自分の人生が見え始めた頃になっても、まだ奥さんに起こしてもらっているようなサラリーマンだったら、まず見込みはないと言っていいでしょう。

一日のすべてを会社関連のことに充てるのではなく、早起きをして、時間を有効に使ってきた人は、退職後、選んだ道でそれなりにしっかりスタートを切れている人が多いようです。会社の仕事のことだけでなく、長いスパンでコツコツ自分の勉強をする。それが大事です。

飲み会で時間とお金の無駄遣いをしすぎない

アフターファイブをどう過ごすのかも、大事なポイントになります。飲み会も、そのメニューの一つ。会に対する臨み方も、積み重なると、これからの生き方に大きく影響してきます。

サラリーマンにとって飲み会は、コミュニケーションを図る絶好の場ではあります。しかし、休日前でもないのに深酒をするのはやめたほうがいいでしょう。とくに二次会は行くべきではない。これは断言できます。僕はそうしてきました。

なぜなら、まず会社に交際費の予算が少なくなっているからです。

例えばオーナー社長と取引していて接待を受けたとしましょう。

オーナー社長であれば、わりあいお金が自由に使える。あなたを接待することが嬉しいのでしょう。あなたを珍しいワインがたくさん置いてあるような五つ星レストランに連れていき、蘊蓄《うんちく》を垂れて喜んでいます。接待好きな人とつきあって、一緒に楽しく飲む。それは悪くないことです。

ところが、たかだかサラリーマンの立場で、そんな接待大好き社長を誘い返そうとします。「二次会はウチで持ちますから」などとカッコつけるのがよくない。

会社の交際費予算が少ないのに接待しようとするから、結局、経費をごまかして、接待費を捻出しなければならないわけです。実際、銀行に贈られてくる商品券を部下に命じて金券ショップで換金し、交際費に使った支店長がいました。これはりっぱな裏金作りです。そんないじましい努力をした結果、ポストを失ってしまいました。結局、公金横領で責任をとらされるはめになって、後で青くなる。本当に愚かです。

お金が自由になるオーナー社長に接待をし返そうという無理をするから失敗するのです。取引先を接待漬けにしようとするのはやめたほうがいい。それは自分が酒を飲みたいからだと思います。取引先には酒やゴルフではなく、仕事で満足してもらえばいいのです。

僕は、夜の付き合いで仕事を決めようとは思いませんでした。だいたい、接待をしたぐらいで業績が上がるほど、世の中は甘くありません。たとえ接待があっても一次会で帰ります。どんなに遅くても夜9時までには引き上げる。家に戻って風呂に入り、きちんと床につけば、朝4時か5時には起床できます。朝に勉強する2時間を確保するために逆算して、タイムスケジュールを作るわけです。

では僕が品行正しき人間かというと、そんなことはありません。若い頃は、三次会だろうが何次会だろうが率先して走り回り、みんなが帰った後も飲んでいました。仕事がらみの時もあったし、プライベートで、腰巻き踊りなんかのパフォーマンスをしながら飲みまくっていたこともあります。そういう無茶は散々やってもいいと思うけれど、45歳ぐらいまでに一通り終わらせておきましょう。残り時間が少なくなっているのに貴重な時間を浪費しては、もったいないことこの上なしです。

ポストにしがみつくのは哀れ

退職には、いろいろな形があります。自己都合退職、定年退職、奨励退職、雇用調整のために募られる希望退職などです。

なかには、定年になって60歳で会社を辞め、次は関連会社に行き、また65歳で定年を迎える。そんな具合にずっとひとつのレールに乗り続けるサラリーマンも少なくありません。僕から見るととても恵まれている人のようですが、そんな人もじつは不満だらけです。「給料はいらないから、ポストだけ付けてくれ」と訴える人がいます。自分は株も持っているし、財産があるから、生活に不自由はしないというわけです。また、かつての部下が上司で来たりすると「なぜあいつが常務でオレが平取なのだ」と露骨に文句を言う人もいます。

こういう人は、関連会社に行くことを、退職として捉えず、今までいた会社の延長線上で暮らしていくことだと考えている。「ポストの変更」ぐらいにしか思っていません。頭の切り替えをしないのです。

実際問題、サラリーマンをやっていて、頭を切り替えなければいけない時期が最初に来るのは、55歳くらいです。完全な成果主義の会社は別ですが、多くの年功序列的給与体系の会社は、まずここで給料がガクンと下がります。55歳以降はそれまでの給与体系とは別の体系になっている会社が多いのです。要するに今までのように順調に上がらなくなるわけです。しばらくすると「これからよその一般会社に行きますか、関連会社に行きますか？」と打診されます。どちらかに行くしかない。嫌なら自分で探すしかありません。

どちらに行ってもその会社の給与体系になりますから親会社ほどはよくない。また給料が下がるわけです。なんとか役職は付けてもらえるけれども、役員室はないし、秘書もいない。役員1人に1人の秘書でなくても、5人に1人くらいでもいいんだけどなぁ、とつぶやいてみる。30年余りも勤めあげてようやく勝ち得たものがいきなり取り上げられてしまう。

一番寂しさを実感するのは、会社関係の葬式に行く時だそうです。もう役員車で乗りつけることはできないのですから。その時だけわざわざ黒のハイヤーを頼む人も多いと言います。見栄です。

僕が銀行を辞めた時、ある役員が銀座でお酒をごちそうしてくれました。帰りぎわ、「がんばれよ」と背中を叩かれ、僕は地下鉄の駅へ歩きだしました。その人の前には黒塗りの車が止まりました。瞬間、僕は「勝った」と思いました。「ああ、多くの人はこの黒塗りの車に乗りたいがために、また不自由な生活に戻っていくのだ」と。

特に高級官僚は、車と秘書と個室があることを条件で、転職先を探します。それがその人たちにとっての存在証明なんでしょう。

もっとも、今、若い上場企業には役員室なんてどこにもない。ベンチャー系のオーナー企業では、偉いのは社長だけですから、わざわざ権威付けのために社長室を設ける必要はないのです。それよりも機能を重視してみんな大部屋にいます。あるベンチャー系の会社に行った時、応接室もなく、受付で社長と商談したことがあります。その時はさすがに驚きました。

有効期限の切れた名刺を後生大事に持ち歩くな

僕の後輩の話ですが、支店長になってから退職し、銀行関連の保険会社に再就職した人がいます。ブツブツ不平を言いながら、慣れないセールスに歩き回る毎日。彼は昔の名刺に記されていた肩書が、いまだ有効だと思い込んでいました。そこで、後輩が支店長をやっている支店に、保険加入を依頼しに出かけたのです。

彼は、支店長が席をはずしていると知らされるや、勝手にズカズカと支店長室に入って行ってしまったそうです。顧客の対応に追われていた支店長が戻ると、親しい間柄でもなんでもなかった先輩が自分の席にふんぞり返り、「おい、ちょっと、保険に入ってくれよ」。

いきなり先輩風を吹かされて、支店長もプッツン。

「ここは僕の部屋なんだから、帰ってくれ」

元支店長はすごすご帰ったそうだけれど、後で、「生意気なヤツだ」と、後輩の悪口をあちらこちらで言いふらしていたとか。いつまでもブツブツ言ってばかりいますから、当然、成績は上がりません。

退職しても、いつまでも自分が一番偉いと思っている人は、けっこう大勢います。

一方、元支店長のライバルで副支店長までしかなれなかった人は、無理矢理小さな会社に行かされました。その時は左遷されたと、とても悔しい思いをしたそうです。しかし、頭を切り替え、一所懸命仕事をしました。その小さな会社には意外にも成長性があったので、どんどん会社は大きくなった。彼は、今や専務です。人生ってわからないものです。

彼は単に運がよかったのでしょうか。そうではありません。悔しさをバネにして、頭を切り替え、必死に働いたからこそ小さな会社が成長したのです。

昔の名刺に、潔くサヨナラして、謙虚な姿勢で臨む。そのほうが、きっとうまくいくはずです。

色眼鏡で会社を見ない

セブン銀行の代表取締役社長の安斎隆さんは、日本銀行の理事から日本長期信用銀行の頭取を経てこられた方です。セブン銀行は、流通小売業のセブン‐イレブンやイトーヨーカ堂のグループから生まれた銀行です。安斎さんが社長に就任することを聞いた他の銀行の人たちは、驚いたようです。「きっと失敗しますよ」「そんな所に行くことはないでしょう。他にもたくさんポストがありますよ」と言われていたのです。日銀OBだったら政策委員会の審議委員に選ばれるかもしれないし、大企業の役員としてだって引く手あまただったでしょう。あえて誰もが反対する、海のものとも山のものともつかないセブン銀行に行くことはありません。

そこで僕が「なぜセブン銀行に行かれたのですか」と尋ねると、「最初に声を掛けてくれたから」とにこにこしながら答えられました。

「僕はそういう人間なんです。結婚もそうだったけど（笑）」

彼が、本当に最初に声を掛けてくれた女性と結婚したかどうかは知りません。でも僕は素敵だなぁと思いました。

もちろんセブン‐イレブンはいい会社ですし、業績も好調です。でも日銀の役員にまでなった人だから、待っていれば、もっと社会的にステータスの高い、重厚なイメージを世間から持たれている会社から役員として招かれたことでしょう。

さらに言えば、セブン銀行はゼロからのスタートです。例えば「新日鐵の副社長か専務になってください」と頼まれた場合、自分が行ってからも倒産するなんて可能性はまずない。責任を問われるような事態に陥ることもほとんどないわけです。黒塗りの車で送り迎えされ、日曜日ごとにゴルフに出かけても、誰にも咎《とが》められないでしょう。

でもゼロから会社を立ち上げる場合、失敗する可能性が十分にある。そうなれば責任を問われるし、「なんだ、力がない人だったんだ」と見られて、自身の名前にも傷がつきます。

日本人というのは、成功すると一斉に近寄ってくるけれど、失敗すれば「調子に乗るからこうなるんだ」と掌を返したように叩きます。そういうことに頓着せず、「最初に声を掛けてくれた所に行こうと決めていた」。この姿勢を学びたいと僕は思いました。

もっといい所があるはずだからとグズグズ選びすぎていると、案外、人生を間違ってしまうかもしれない。第一、自分が作ってきた人脈の中から来た話ですから、信用できる人からの依頼なのか？ また、本気で依頼してきているのか？ など、自分が受け入れるべき話かどうかがすぐにわかるのかもしれません。

転職を繰り返しつつキャリアを積む

転職を繰り返す人がいます。50歳過ぎで早期退職をした知人は、最初は順調でしたが、オーナーと折り合いが悪くなり、まもなく辞めてしまいました。その後もコロコロと会社を替えているようです。

条件を聞いて再就職したのに話が違う、とても満足できないという場合があります。

例えば、知人の一人は、元の会社とはまったく畑の違うイベント会社に再就職しました。サービス残業が多いことは聞いていたのですが、興味のある分野だったし、若い頃のような気持ちで張りきって新しい仕事に挑戦したのです。

ところが、それまで普通の会社にいて「9時から5時まで、その後は残業」という仕組みで働いてきたのに、急に「今日は朝の3時まで仕事があります」と言われる。「何だ、これは。生活がメチャクチャじゃないか」となる。テレビ番組の制作に関わった時も、自分の会社が直接制作しているわけではない、管理しているだけなのに、中小企業だから自分も一緒に最後までついていなくてはならない。不合理なことだらけです。肉体的にも疲労困憊し、不満が募り、辞めてしまいました。

中小企業・中堅企業に入ると、経験したことのないどんでん返しが待っています。知り合いに、上場予定の会社へ行き、オーナーに気に入られて役員になった人がいます。彼はそこでオーナーと一緒になって、ある役員を追い出しました。追い出された人の怒るまいことか。僕は追い出された人も知っていて、「あいつだけは許せない」と非常に怒っていました。ところが、1年もたたないうちに追い出した人が、今度は自分がやったのと同じように、追い出されるはめになった。何かをやり過ぎて、オーナーに嫌われたらしいのです。まるで戦国の世を駆け抜けているようです。

とはいえ、一概に転職が悪いとは限らないでしょう。欧米でもアジア各国でも転職は珍しくありません。むしろ転職をキャリアのステップアップと捉えています。転職に抵抗のある日本人のほうが世界から見れば異質です。いずれにしても一度、転職という壁を越えると抵抗感がなくなり、けっこうラクになるものです。転職すると、自分がいた会社の問題点がわかり、どうすれば良くなるかが客観的に見えてきます。

経済評論家で楽天証券経済研究所客員研究員の山崎元さんは、三菱商事に就職してから、野村投信、住友生命などを経て、確か、計12回の転職を誇っています。そこまで人生を乗り越えてこられるとは、すごいなぁと僕は敬服しています。一度だけ、山崎さんにお会いしたことがあるのですが、明るく前向きな人だなと思いました。経済予測の分野で実績がある方ですが、偉ぶることなく、ヒョイと身軽にステップアップされてきたのでしょう。

上司より、部下との人間関係に重きを置く

退職後、最も必要になるのは人脈でしょうか、それとも資格でしょうか、人間的魅力

でしょうか。意外にそれが見えてこず、考えあぐねてしまう場合もあるかもしれません。しかし、何であれ、退職間際になって慌てて何かを探したり、付け焼き刃的に身につけても、あまり有効だとは言えないでしょう。なるべく早い時期から、自己点検し、準備をしておきたいものです。

まず、会社内の人間関係を振り返ってみてください。それこそ、退職が近くなったからと言って、急に関係は変えられません。普段から時間をかけて関係性を深め、人間関係を作りあげていく必要があります。

自分は職場では、どんなスタンスで人と接しているのかを改めてチェックしてみましょう。例えば、上司の顔色を見るタイプか、部下のことを考えるタイプなのか。

部下を考えるタイプのほうが自然体の人間になれます。上司にばかり目が向いていると、無理が出てくる。自分を上司の型に、どんどんはめていかなければいけないからです。極端にそちらに走ると、今よく話題になっている鬱状態に陥ることがあります。

一方、部下のことを思いやって仕事をしている場合は逆です。心が浮き立ちます。なぜなら出たり引っ込んだり、バタバタ騒ぎながら仕事をする部下を、上司である自分が包み込んでやればいいからです。その状況では、自分の器そのまま、気持ちを表に出すことができます。つまり、自分が上司に合わせるのはシンドイけれど、自分の器に部下が合わせてくれたら、こんなラクなことはないわけです。何よりも部下のために責任を持って自分で判断していかねばなりませんから、いい緊張感で仕事ができます。

社内の人間とのつきあい方を、退職後に向けて、自分流にちょっと変えてみるのも新鮮で、面白いものです。

これは退職後、新しい会社に行った時のいい訓練になります。上司にばかり目を向けていた人は、ひょっとしたら自分の判断さえ上司にあずけているのかもしれません。いつの間にか自分で判断する力を失っている可能性があるのです。これでは次の会社で通用しません。そこでは自分で責任を持ち、判断していかなければならないからです。

社内の人間とのつきあい方を変えることで、こうした自分で判断する訓練をしてみるのもいいでしょう。

「オレが育ててやったのに」は禁句

会社を辞めてからは、自分が今までいた所とはまったく違う、新しい生活を作り上げるチャンスです。そのためには、発想の切り替えをどうできるかが重要です。過去を振り返らず、それまでの会社人生をいったん全《ぜん》クリアーにすることです。

元の会社が世話をしてくれた企業に再就職するにしても、同様です。

例えば、支店長や課長クラスだった人が関係会社に行ったとします。元の会社では、自分の部下だった若い人間が役員になっていく可能性は十分あります。その元部下はいずれ自分が再就職した会社に、上の役職に就いて迎えられることになるかもしれない。そうなった時、「あいつは、昔、俺が教えてやったんだ」なんて偉そうに言わないことです。よくいるんです、「今の社長は俺が仕込んだんだぜ」と自慢したがるタイプの人が……。元部下は、元先輩が指導してくれたことなんて、まるで忘れています。せいぜい「昔、貸した1000円返せ」「あの時の飲み会のタクシー代、俺に払わせたな」くらいのことしか記憶にないでしょう。人情は紙のように薄いと嘆くなかれ、です。人は受けた愛情は意外なほど覚えていないものです。

「会社のために、ああまでやったのに」「あいつに、こんなことをしてやったのに」というような「何々してやったのに」の文脈で考えるのはケチ臭いし、何もいいことはありません。『ああしてやった、こうしてやったで地獄行き』という狂句があります。あまりそんなことを思っていたら自分が辛くなるばかりです。

郷に入っては郷に従え

人脈は、結局、その人の人間力がものをいいます。その人の醸し出すパワーや魅力といったものです。

旧富士銀行の頭取だった橋本徹さんは、現在、外資系証券会社の特別顧問を務めておられますが、就任される時、こんなふうに言っておられたと聞いています。

「給料をもらう以上は、その分きちんと働きます。自分で営業にも走りますよ」と。日本の大手銀行の頭取を務めた人が、外資系金融機関に参加した初めてのケースです。新しい勤務先で、驕《おご》ることなく素直に頭の切り替えができる方なのです。だからこそ、あちらこちらから声が掛かるのでしょう。

逆に高い地位にいた人でも頭の切り替えができないと、次の職場に行っても「オレの部下は何人いるんだ」「なんだ、ここは。無礼なことばかり言って」とブツブツ言っている。気持ちの決着がついていない。そんな人には誰も近づきません。いい再就職先とも出合えないわけです。

ある銀行の行員は退職後にビジネスを始めようとある男に相談しました。それが裏社会の人間だったのです。行員はその男に言われるままに顧客情報を持ち出してしまいました。変な人脈だけは捕まえないように、注意しないといけません。

再就職先へヒョイと身軽に乗り換えたことで、経済的にも社内的にも、いい感じで働いている人はけっこういます。

大手銀行にいた知り合いが、ある中堅企業に行くことになりました。ちょうど経営が左前で、経理・財務担当として立て直しを期待されていたのだと思います。鉄板を製造する会社で、炉で鉄を溶かすなど、体を使う仕事があったそうです。いわゆる3K（きつい・きたない・きけん）仕事です。そこで彼は「自分がやる仕事はあまりないし、いいや、俺がやろう」と思って、炉の前で作業を始めたのです。石炭炉の中に鉄をスコップで投げ入れると、火の粉が飛んできて髪の毛はチリチリに焼けるし、汗はだくだくと流れます。でも、その仕事を彼は毎日続けました。

会社の人たちは、彼がまさかそんな仕事を自分から引き受けるとは、思っていなかったようです。彼の行動を見て、社員たちのモチベーションが高まりました。元銀行員が汗だくで働いているのに自分たちが遊んでいられないという気になったのでしょう。するとみるみるうちに会社の経営は上向きになり、社員たちはますます生き生きと働くようになりました。そしてとうとう会社を再建してしまったのです。彼は、会社再建のエキスパートとして評価されるようになりました。その後、分野の異なる企業にもチャレンジし、今は大手出版社の役員をやっています。

給料は減っても構わない、元の同僚と会社語が通じる心地よい職場で働きたい

大企業に所属して退職した人が、関係会社に行くと、給料は一気に安くなります。例えば銀行の元支店長だった場合、1500万円とか1800万円ぐらいあった年収も、

新しい職場では、半分か3分の1ぐらいになってしまう。しかし、こんな待遇とはいえ、親会社がしっかりしている限り、入った会社はつぶれることはありません。昔の同僚や仲間も周りにいますから、会社語がそのまま通じます。ある種の居心地の良さはあります。

しかしこのケースでは、それでも「俺の価値がわからんのか」と不満を持つ人もいるわけです。そんな人には「だったら、辞めたらどうだ?」と僕は笑いながら言うけれども、そんな気は毛頭ない。どうしても会社語が通じることが捨てがたい。誰が上にいようとも、陰で悪口を言っていても、適当に知らんぷりしていればすむわけですから。

収入はガクンと減り、会社の人事上の仕組みから、どんなに努力しても現状以上昇進することはないけれど、昔の仲間と、飲んだり食べたり、ゴルフにも一緒に行ける。30年余りにわたり培ってきた会社人間としての財産を、徐々に徐々に使っていく暮らしが、そこにあるわけです。これはこれでいい選択でしょう。

バブル期のローンは"社畜"に徹して返済せよ

退職に際して最も気になることの一つが経済面での整理でしょう。ローンの返済が残っているのか、終わっているのか。人によって状況が異なるので、一概には言えませんが、住宅ローン以外にも会社からお金を借りている人がいると思います。

僕のような年代や少し上のいわゆる団塊の世代は、バブル期にちょうど働き盛りでした。その頃に、ゴルフ場の会員権を買ったりしています。僕も買いました。400万円で買った会員権が一時期は3000万円以上にもなり浮かれていたのですが、バブル崩壊とともにゴルフ場は倒産し、会員権はパーになってしまった。別に欲張ったつもりはないのだけれど、会員権を持っていないとゴルフができなくなる、値上がりするから買えとかいろいろ言われました。そういう時代でした。他にも勧誘は、NTTの株とか、リゾート会員権とか、いろいろありました。普通のサラリーマンが、投資したのです。実際、そのツケをいまだに払っている気の毒な人はけっこういるのです。

では、どうしたらいいのか。もはや好むと好まざるとにかかわらず、そんな人は堂々と開き直って〝社畜〟を続けてもいいのではないでしょうか。とにかくしがみついても会社に残っているべきです。老害と言われようが、気にしてはいけません。借金を返さなければ新しい人生には踏み出せません。〝社畜〟に徹するのもなかなか難しいことで、それはそれで頭の切り替えが必要かもしれません。

男は傷つきやすい生き物だ

中高年の男が、ひきこもりやすいのはなぜか。それは恐ろしくプライドが高いくせに、傷つきやすい生き物だからです。周りからショックなことを言われると、「もう、会社になんか行きたくない」となる。思春期の若者のひきこもりと根っこは似ているのかもしれません。

例えば、部長らしく振る舞っていたのに、希望した会社の再就職に失敗してしまう。そんな時、若い部下から「部長、何をやっているんですか、大丈夫ですか」などと言われようものなら、心にグサッと来る。

再就職がようやく決まっても、世間的に評価の高い会社ではないとか、あるいはプライドが保てるような仕事に就けないとか、あげくの果てに誰かに少しでも否定的なことを言われたりすると、もう通勤するのが嫌になる。義理のある会社であれば、初めのうちは我慢するかもしれませんが。

男は結局、情けない生き物です。外で評価されて初めて一人前みたいなところがある。たとえ家の中で妻から、〝ろくでなし〟とか〝宿六《やどろく》〟などと貶《おとし》められようと、知ったことではない。「社会に出れば、自分を認めてくれる人間は多いんだからナ」、そんな価値観を拠り所にずっと生きてきたわけです。ところが、外でも「あなたはもう役に立たないよ」「時代に合わなくなったんだね」といきなり評価されてしまう。それはひきこもりたくもなるでしょう。しかし、そんなことでは困ります。

心を強く持たなくてはいけないのは当然ですが、他人からいじめられる前に自分で自分をいじめてみるのもいいかもしれません。即ち、「自分は大した人間ではない。今までうまくいっていたのは単にラッキーだったのだ。これからはゼロからだぞ」と何度も言いきかせるのです。鏡に向かって笑顔をつくる訓練をしてみましょう。最初はぎこちなくてもそのうち自然になります。また深々とお辞儀をしてみましょう。こんな深いお辞儀をしたことがないほどのレベルでです。その時、もしプライドが許さなければ、お辞儀をすればお金を拾えるというくらい開き直りましょう。これらは僕自身がやってみたことですから間違いのない準備です。

早く切り替えたモン勝ち

再就職をしようとした時、もし最初の一歩がうまくいかなかったとしても、そのつまずきを引っ張らないことは大事です。

会社は自分に見合うべき再就職先をなかなか斡旋してくれません。中小企業や中堅企業を自分で探せと言われる。50歳を超えて、自分で探しに行ってもみつからないわけです。募集があっても、警備員とかマンションの管理人のような（というのも失礼ですけど）、あまり収入のよくなさそうな仕事しかありません。探し方にも問題があるかもしれませんが、実際、僕がハローワークに行った時も、かつての銀行支店長に相応《ふさわ》しいと勝手に思い込んでいるような収入の仕事はありませんでした。そうなると「何だ、これは」という気持ちになる。社会は自分を必要としていないのかと愕然《がくぜん》としますし、「もう仕事を探すのはやめだ！」と何もかも放り出したくなります。

こうした求職時のつまずきが、うつ病などを引き起こし、自殺に繋がる可能性は高いのではないかと思います。中高年の自殺は多いようです。書店に行くと、「中高年のうつ」とか「中高年の自殺」などに関する本がたくさん出版されていて驚きます。

なぜそうなるのか。プライドが邪魔をして、重要な人生の転換期に、気持ちを切り替えられないのです。

自分は社会的に認められている人間のはずだ。それなのに、実際に会社を辞めて、外に出てみたら、社会は自分を認めていなかった——。そんな現実に初めて気づいてショックを受けるわけです。傷つき、背中を丸めて家庭に戻ろうとしたら、なんとしたことか家庭も崩壊寸前、バラバラだったことに気づきます。しかしそれは当たり前でしょう。父親、そして夫として家庭を顧みなかったためにバラバラにしちゃったのですから。気がつけば、あなたはどこへも行くところがありません。帰るところがないのです。

やっとみつけた第二の職場に行くと、「えっ、パソコン、できないんですか？　勉強しといてくださいよ」と若い社員に文句を言われてしまいます。それだけで、くじけてしまう人も大勢います。

なかには「今さら、パソコンなんてできるか」といった偉そうな態度をとって、それで通す人もいる。天下りで、秘書が付くような役職を摑んだのであればそれも可能です。しかし、普通は新入社員レベルから始めなければいけない場合が圧倒的に多いことを認識しておきましょう。やっぱり嫌でもパソコンを練習しなければなりません。

「聞くは一時の恥、聞かぬは一生の恥」という言葉があります。ベテランだから周りから聞かれることはあっても、その逆はありえないと思い込んでいる。知らないから教えてほしい、とは今さら言えない。新しい職場でうまくいかなかった人の事の始まりは、案外そんなカッコつけ（見栄）から始まっていることがあるのです。ある銀行ＯＢは社長から人事制度をつくれと命じられ、部下たちの協力を仰げばよかったものを自分一人でやろうとして期限に間に合わず馘《くび》になりました。またあるＯＢは勝手に商談をまとめてしまい、その代金回収が焦げつき、埋め合わせをしようと会社の金を使い込んで馘になりました。

カッコをつけなければ、仕事は本当にラクになります。自分は〝デキル〟なんて思わずに素直に周囲の若い部下の協力を得るようにしましょう。

時にはビッグマウスも有効だ

定年退職の時には嘱託として継続雇用という道があります。会社は言葉巧みに、長い間蓄えたあなたのスキルを安く使おうとする。「お前、使ってやるよ」といった態度です。そこで弱気になってはいけません。話が具体的になったら、自分のスキルを大いに会社側に主張することです。安売りすることはありません。本当に身についたいい技術なら他の会社や発展途上国などで引く手あまたでしょう。自分の価値を正当に評価してくれないのなら、雇用してくれなくてもいいぐらいの態度も必要かもしれません。

また自分を売り込むという意味では大口をたたくこと。すなわちビッグマウスになりましょう。営業部門一筋でやってきた人がいるとします。次の会社でも営業の仕事を探します。でも競争が激しくて落ちる。再就職したい会社が欲しがっている人材は、じつは人事管理とか、今注目のコンプライアンスの部門だったからです。

面接官があなたに人事管理について訊きます。「やったことがありますか？」。「うーん、自信がありません」と正直に答えたら、あなたは、もうおしまい。もし過去のキャリアの中で、わずかでもその分野をかじったことがあれば大袈裟に実績として話したほうがいい。ボクシングの亀田兄弟ではないけれど、〝ビッグマウス〟は認めてもらうコツだと思います。

謙虚で誠実な人柄は、もちろんプラス材料です。でも自分をまったくゼロから売り込まなければならない時は、自分の経歴について少しオーバーなくらいに表現したほうがいいのです。昔、高校や大学を卒業して入社試験に受かるために一生懸命プレゼンテーション能力を磨いたでしょう。あの時と同じです。

僕は、かつて人事部にいて、転職とか再就職を受け入れる側の面接や、それを斡旋する業務をやったことがあります。これは経験上の実感です。自信がない顔をされるより、気分よく「できます」と言ってもらったほうがどれだけ気分が良かったことでしょうか。

とにかく自分を売り出す営業をやっているつもりで、自分で自分を精いっぱいセールスする。落ちたら後がないくらいの背水の陣を敷きましょう。そしてめでたく入社できたら過去にたった1回しか経験したことがなくても、ビッグマウスが本当になるようにやるしかありません。

自分でテキストを買ってきて必死に勉強する。しかし、それでは間に合わない場合もあるでしょう。そのとき役立つのは過去の自分の人脈やコミュニケーション能力です。元の会社の人間に連絡をつけて教えてもらう。あるいは知らないことを新しい同僚に率直に訊く。自分でできると言った以上は必死でやる。カッコをつけても、何のメリットもない。どんな人にも率直な気持ちをぶつけて協力を請いましょう。この態度がとれるか、とれないかが生き残りの分岐点になります。

それができないと、だんだん追い詰められて、周りの社員にも「何だ、あれ、全然できないじゃない」という目で見られるようになる。これではうつ病への道へ、まっしぐらです。

そんなケースは、まじめ過ぎる人に多いと思います。

僕は、自分が不真面目だとは思わないけれど、いいかげんなところも結構あります。どんなにいい加減だったかと言いますと、支店長の時、本部の言うことはほとんど無視しました。いろいろな目標をひとつひとつ真面目にやっていたら、僕も部下も潰れてしまいます。それで手抜きをするものと一生懸命するものとに分けて取り組みました。こんなやり方でも、みんなが楽しんで働けば結果はついてくるものです。いい加減とは、良いかげん、いい具合という意味合いもありますから。

50歳を過ぎたら、会社では徐々に軸足をクソマジメからいい加減に移していったらどうでしょう。そうすれば再就職後も、ちょうどいい具合に、いい加減に振る舞えるようになります。クソ真面目な態度よりいい加減な態度のほうが余裕と自信に満ちているようで相手方に信頼されます。一般的に、50歳くらいになると、将来、会社で役員になるとか、部長になるとか、自分がどのポジションにまで上がることができそうかなどということがわかってくる。もし、先が見えたと判断したら、早々にクソマジメは返上しましょう。あまり深刻にならず、自分のためにいい加減になりましょう。これは言い換えれば仕事を楽しむことです。

若いベンチャー企業は経験豊かな人材が欲しい

退職して関係会社に再就職した知人がいます。そこでもかつての役職のままに上下関係を維持している。「もう、そんな姿勢はやめたらどうなの？」と僕も言うのですが、変えるのは無理なようです。彼には新しい世界に飛び込もうという好奇心や情熱がありません。

逆に、新しい会社に再就職後、すばらしい結果を出している人も少なくありません。新しく起業したベンチャー企業などに見られる側で「重し」という役割のできる人です。

僕と同じ年齢の友人に、50歳くらいで映像関係の小さな会社に請われて転職し、副社長になった男がいます。危うかった経営を、現場のスタッフと一緒に汗をかき、立て直しました。現役時代、一所懸命、コツコツと仕事をした積み重ねがあるからこそ、できたことでした。

その彼が60歳になり、その会社も「そろそろ卒業だな」と考え始めた頃、ベンチャービジネスの若い会社2社から、ヘッドハンティングの話がありました。顧問か会長になってくれというのです。会社も社員も若いので、人生においても仕事においても経験豊かな彼のような人材を必要としたのでしょう。

ちょうどライブドアの平松庚三さんみたいなものでしょうか。社長が30代で、20代のスタッフばかりの会社に、50代の恰幅のいい人がいると、社員どうしの揉め事に彼が何かひと言言うことで収まったり、まとまったりする。村の長老のような存在として期待されているわけです。

彼はそのうちの1社に顧問として就任しました。つまり、「重し」の役割を請け負ったのです。「また冒険ですよ」と楽しそうに笑う彼に、僕は「上場して大儲けしたら、お裾分けしてよね」なんて冗談を言いながらエールを送ったのです。

彼は他の人とどこが違うのでしょうか。

それは好奇心が旺盛なことです。そしてまったくカッコをつけません。いつも自然体で自分が望まれている場所に行きます。望まれているうちが〝花〟という考えなのです。彼のような好奇心をいつまでも持ち続けられることが第二の人生を豊かにする秘訣でしょう。好奇心さえあれば、生まれたての会社に行き、〝長老〟の役割を果たすことができる。ですからベンチャーとかITなどはよくわからない、などと簡単に突き放さないでください。門を叩くと、意外に開けてくることもあります。

もっとも、それで失敗したと後悔している人も知っています。若くて元気な会社だから、自分が想像していた以上に労働が過重で、身体がヘトヘトだ、と。

アメリカでは若い人たちがベンチャーで起業した時、ベテランの人を会長などに据えて社内のバランスを取るというシステムがあるそうです。社会的に信用が得られ、社内的には重しになる、そんな立場になり得る人へのニーズは確実にあります。

独立して再出発する場合

会社の常識は社会の非常識

ミスは多いし、苦情を言われてばかり。窓際族扱いされ、自信喪失のカタマリみたいな社員が、大企業には何十人、何百人もいます。会社の中では、役立たずのように言われ、「なんで俺はこんなに無能なんだろう」と自分でも思っています。

ところが、こういう人たちの中にこそ、「会社」というところでは無能かもしれないけれど、「社会」では意外に有能な人がいるものです。かつて僕は、仕事がうまくできない社員たちの教育を受け持ったことがあります。彼らの中に、地域のボランティア活動に汗を流している人たちがけっこういる。休日になると、少年野球の監督をしたり、バンドを組んで慰問にでかけたりしている。地域とのコミュニケーションをすごく上手に取っているのです。

「会社の外では輝いているじゃないか。なぜそれが会社で発揮できないの？」

そんな話を彼らにしたことがありました。僕は彼らに言いました。

「仕事で発揮されている能力はあなたの能力のごく一部だけです。地域で発揮されている能力こそ、あなたの全能力です。ですから自信を持ってください。地域で発揮されている能力のごく一部を会社で発揮するだけでいいのです」

彼らは僕の話を熱心に聞いてくれましたが、なかなか仕事で能力を発揮するのはむずかしかったようです。しかし、努力はしてくれました。そんな彼らを見て、僕は、「彼らは退職後、地域社会で生き生きと暮らすのだろう」と羨ましく思いました。

コミュニティー（community）から、〝カンパニー（company）〟という言葉が派生したそうです。日本語で〝社会〟という言葉は、社《やしろ》を中心に人々が集まるから社会。これは僕の勝手な解釈ですが、〝会社〟は集まった人が社を作るという意味でしょうか。

いずれにせよ、誰が作ったのか、二つの言葉は〝社〟と〝会〟がひっくり返っているから、価値観が反対なのかもしれません。「会社の常識は社会の非常識」と言うくらいですから。

会社に長く勤めて、ある程度の年齢になり、定年後のことを考えようという時には、「会社語」ばかりしゃべるのではなくて「社会語」をしゃべる訓練を少しずつしていくといいのではないでしょうか。会社から徐々に社会や家族に軸足を移していく。そんな感覚を持っている必要があると思います。

上の地位まで昇りつめた人で悲しいのは、かたくなに会社語しか話そうとしないこと。「俺は会社に有用な人間だ。俺の代わりをやれる奴はいない」と信じきっているからです。もっともそのぐらい自信がないと、トップにはなれないかもしれません。偉くなると、とにかくいつまでも会社に残り、部下に影響力を及ぼしたいと考えます。会社のトップは3期6年ぐらいがちょうどいいのではないでしょうか。知事では多選の弊害が言われます。会社のトップも同じです。

経営不振の企業こそチャンス

機械部品を扱う中小商社に勤めていた40代の男性がいます。円高などの世の中の流れで業績が悪化した会社は買収され、彼は東南アジアの支社に赴任することになりました。海外で働くこと自体は面白かったけれど、大手メーカーの下請け的な存在になり、女性付きの接待に連れていくといったことまで引き受けなければならなかった。彼は、いい仕事ではないなと思ったそうです。

彼はそこを飛び出しました。前から密かに魅かれていたのが、タレントのマネージャー業でした。ある芸能プロダクションに入り、独立を頭に置きながら一所懸命に修業し、人脈を作っていきました。業界で、なかなか信頼のおけるやつだとの評判を取り、3年後、独立して会社を起こしました。今、生き生きと縦横無尽に飛び回っています。

彼は、たまたま勤務していた中小商社の経営が悪化したため独立しました。もし悪化していなかったら独立していないかもしれません。経営不振の企業にいたからこそチャンスを摑んだのです。

経営不振を通りこして、もし会社がつぶれてしまったら、自ら運命を切り拓かざるをえません。そんな時、自分で背負ってきたものがすべて終わりになってしまった、人生真っ暗だと深刻に受け止めて思い悩む人は、その後、惨めな生活を送るケースが多い。病気になったり、自殺を考えたりするのも、このタイプの人です。逆に仕事を失う状況になっても、素直に受け入れて「仕方がないや、よし、何とかしよう」と、ヒョイと前に進む人にはチャンスがやってきます。旧日本長期信用銀行（現新生銀行）に勤務していた知人は、今や有名な経営コンサルタントとして活躍していますが、「長銀が潰れてくれたおかげで独立できた」と倒産というピンチを前向きに捉えています。

退職金ビジネスの落とし穴に気をつけよう

退職後は、何か趣味を始めたい、あるいは趣味を活かした仕事をしたい。そんな夢を持っている人もいるでしょう。でも趣味というものは、いつのまにか興味が湧いてきて、損得抜きではまってしまうものです。無理やり趣味探しをしたり、仕事に結びつけようとするのも、どんなものかなという気がします。

そば打ちを趣味でやっているうちは、きっと楽しいでしょう。しかし仕事になれば厳しく辛いものです。多勢の人から、あなたのそばを味わいたいと押される形で店を開くようでなければ、趣味として楽しむべきです。現に僕は趣味で始めた小説が仕事になり辛い思いをしているわけですから。これは本当です。

ある友人は、子供の頃から切手収集を趣味にしていました。大手コンピュータ会社に勤めながら、切手ビジネスを始めました。趣味が高じて専門家になり、ビジネスに結びつけてしまった成功例です。

子供の頃からやりたくて、ずっと夢中になっていた趣味が、いつのまにか第二の人生の糧になっている。そういう流れが自然だろうと思います。

サラリーマンが田舎暮らしや職人生活に憧れ、退職金で店を開こうとするケースは少なくないようです。ある友人は、定年後は蓼科《たてしな》に家を購入し、野菜料理のレストランを開くぞと張り切っています。また、あるテレビ局のプロデューサーは、50歳になったら会社を辞めて、沖縄に日本そば屋を開くつもりだと夢を語ります。「沖縄には日本そば屋がないんだよ」というのが開業プランの理由です。

会社勤めをしている時に、こういう夢を持つのは悪くないと思います。でも青写真もなく、強引に実行しようとすれば、必ず失敗します。

じつは僕も女房に「60代になったら引退して、沖縄に家を買って、何か好きなことをやろう」と言ったことがあります。すると「旅行はいいけど、移住するのはイヤよ」とけんもほろろに却下されました。連れ合いと早くから呼吸を合わせておくことも、大事な条件のひとつかもしれません。

かつて僕らが若い頃、地方から都会へ出てきたのは、田舎の人間関係の濃密さ、つきあいの多さがわずらわしく嫌になったという一面もあると思います。それが年を重ねてくると、懐かしさにも変わってくる。都会のパサパサした乾いた人間関係がたまらなく味気なくなるのです。

リスクの取り方にはツボがある

新しく事業を始める時、肝心なのはリスクの取り方です。やりたいことが、いくつかあったとします。もし農業に憧れているなら、思いきって、自治体などがやっている新規就農者募集に応募したいと考えるかもしれません。しかし自給自足で仙人のような生活をめざすならともかく、事業として成り立たせるのは並大抵のことではありません。

自分がやりたいと思う他の分野の仕事とも比較してみましょう。農業の場合、収入は、最も低くなる可能性が大です。でも日々の生活費はそれほど必要ないかもしれない。ではどんな問題があるのか。人間関係作りは得意か。農業技術はどのくらいで習得できるのか……。

コンビニのフランチャイズで開業する道を選んだとします。保証金を用意しなければならないし、店舗も改装する必要がある。人件費を抑えるため、家族総出で働かないといけないかもしれない。24時間営業で、日曜日も休めない。そうなると、コンビニの店主になる人生は、ひょっとしたら、大変なリスクかもしれません。

小さなリスクも見落とさないよう、ロングスパンできめ細かく事業計画を点検した上で、これから進むべき道を選択しましょう。重く深刻に受け止めて、身動きが取れなくなるのは困りますが、人生後半の貴重な時間を過ごすのですから、清水《きよみず》の舞台からエイヤーと飛び降りるのではなくて、リスクをミニマイズするように考えねばなりません。それは他の家族にはできません。永年にわたってサラリーマン人生を歩んできたあなたの仕事です。

自由業に転職して自分のオフィスを持ち、大はりきりでピカピカのOA機器などをそろえる人もいます。でも形から入ってはいけないと思います。僕などは作家に転身しても事務所は構えていません。だってうまくいけばいいけれど、仕事がほとんど入らなくて、事務所に誰も来なかったりしたら、家賃だけが垂れ流しになる。それじゃあ、もったいないし、寂しすぎます。そんなリスクは最小限に抑えなければなりません。

退職金ビジネスにも安易に乗らないことです。「ラーメン屋を開きませんか」「チェーン・レストランのフランチャイジーになりませんか」などといった勧誘がしばしばあります。

店でもやるか……。そんなデモは御法度。軽い気持ちで大きな投資をすることは止めるべきです。

本当に自分はラーメン屋をやりたいのか。ラーメンを食べるのが好きなだけではないのか。テレビの番組で商社マンだった男が、ラーメン屋の親父さんにしごかれ、汗や涙を流しているのを見たりすると気の毒になります。焦って退職金をつぎ込むと、瞬く間に〝負け組〟になってしまうかもしれません。

まずは、会社勤めをしっかりやっておく。その上で現役時代から好きなこと、関心のあることにトライしてみる。そして本当に自分に合っているのか、仕事として取り組むことができるのかしっかり見極める。その慎重な姿勢があれば、おかしな罠に引っかかることもない。

保険をかけながら冒険する

会社を辞めようとする場合、給料、即ちお金が不満で退職を決めるのも、正当な理由の一つだと思います。会社の中で、自分の評価が下げられ、給料がぐんと安くなった。例えば、年収が1200万あった時に自分の失敗でもないのに、100万円も下げられたとしたら、それをバネに外に飛び出す決断もありうるでしょう。しかし給料が不満だから会社を辞めるといって1000万円以上確保できなければならない、そんな気持ちでは駄目です。辞めることはできません。むしろハングリーな状態で新天地に飛び出す、お金にこだわらないほうがきっと成功します。

しかし現実的には裸一貫で新しい世界に飛び込むという賭けはなかなかできません。ある程度のプランが必要でしょう。

例えば、信頼できる人のいる何社かに当たりをつけて相談に行く。「会社を辞めて、新しい仕事を始めようと思うのだけれど、一人立ちするまで、1年間でも顧問なり、何かで面倒をみてもらえないだろうか」と頭を下げる。応援してくれる人はきっといるはずです。そのくらいの保険はあったほうがいい。僕だって、「江上さんが、物書きで一人前になるまで応援しますよ」と言ってくれる人がいたから、心強かった。

要は意気込みです。この仕事で何とかやっていくゾという情熱があれば、必ず収入は付いてきますし、あなたの行動を支援し、保険となってくれる人が現れます。

事業を起こす時に、妙なプライドから、人に頭を下げるのが嫌でこっそり街金や闇金に手をつけたりするのは御法度です。事業資金は、友人から出資を募るなり、苦労しても銀行などから正攻法で借りることです。その代わり責任が重いから、出資や融資にこたえようと事業は必死でやっていくはずです。

住宅ローンが残っていると、ネックになるかもしれません。できれば返済が終わっているほうが望ましいけれど、それだけで事業を諦めることはないでしょう。

住宅ローンの延滞を引き起こさないように事業に必死に取り組めばいいことです。しかし負債を増やさないスタートのほうがいいには決まっています。将来を深刻に考えて暗いイメージを持ったまま会社を辞めると、追い詰められ、焦り、結果的に失敗すると思います。「子供の教育費がかかるよなぁ」などと思い悩むくらいなら、給料は安くても会社にしがみついておくべき、ということになります。

「これまで会社で十分働いたし、そろそろ自分で何かやりたいなぁ」と思ってヒョイと行動に移す。振り返ると、いつのまにか子供も親離れし始めていた。奥さんだって、やる気いっぱいの亭主を見てがんばるかもしれない。こんな形が理想でしょう。

サラリーマンを辞め、以前とまったく異なる分野で事業を起こして成功している人から、こんな台詞《せりふ》を聞いたことがあります。

「前から、こうなるような気がしていました」

まるで惚れた女性を口説くような台詞です。でも前向きでいいでしょう？　もっとも、目の前にいくつか道があった時、知らず知らずに行きたい所へ行くよう選択していたのかもしれません。それが成功した時点から振り返れば予定調和のように思えるのでしょう。

古巣に仕事をもらいに行くようでは成長しない

どんな会社であれ、永遠にその会社に勤務し続けられる社員はいません。いずれ、そこを巣立っていくしかないのです。そんな時期が近づいてくるのをそろそろ自覚し始める頃、それなりに上のポジションまで昇りつめた人は、「棚ぼた式に、関連会社の社長になれたらいいんだが」とか、「でも、いい話が来れば、独立して自分で仕事を始めてみてもいいかな」などと心が揺れることでしょう。しかし、そんな天秤にかけるような中途半端な姿勢では駄目です。

新聞記者として活躍し、社が発行する雑誌の編集長などの要職を歴任した知人からこんな話を聞きました。いずれ迎える退職について、早くから決めていたことがあった。次の道を選択する段になったら、自分が勤めてきた新聞社関連の仕事は一切しないで、きれいに辞めよう、と。

大手の新聞社でしたから、子会社はたくさんあります。世話になろうと思えば、きっとどこでもいい待遇で迎えてくれたはずです。でも彼には、そういう道を歩む気がまったくありませんでした。独立して自分で事業を始める決意を固めていました。その際、古巣からは仕事をもらわないという覚悟をしていたのです。これは言うのは容易ですが、なかなかむずかしいことです。なぜ、こんな覚悟を固めたのでしょうか。それは自分に甘えを許さないためだと彼は言いました。まさに背水の陣です。

前々からＩＴに興味を持っていた彼は、記者時代、ウェブ版の記事を書いたり、取材をしたりしながら、ＩＴを利用すれば面白い事業が展開しうるのではないかと考えていました。

定年が来るから何かをしなければならない、という発想ではない。ＩＴの可能性を模索しながら、未来に向けて新しいことができないだろうか、そんな視点を常に持って、記者として仕事をしてきたと言うのです。

50歳代半ばで新聞社を辞めると、彼は編集プロダクションを設立しました。編プロといえば、出版社の下請けというスタイルがほとんどです。しかし、出版業界は全体的に右肩下がりになってきています。〝本〟そのものは貴重だけれど、ビジネスとしては、将来、上昇カーブを描くことは難しいだろうと見ていたのです。ですから出版社を通して仕事を請けるのではなく、自分の会社に直接仕事が入るようにできないかと考えました。そしていろいろな企業を直接に訪問し、その企業の発行する出版物を直接受注する道を拓きました。

また彼は、編集の業務と同時に、E-Learningというシステムを作って、社員教育のソフトを企業に提供する仕事を始めました。社員はネットを利用して、企業法務やセールスなどについて、自宅で勉強できるというものです。ある上場企業がそれを彼の会社から導入してくれました。それから順調にニーズが高まってきました。さらに、ジャーナリストの経験を活かして、ウェブによる情報メディアを立ち上げ、日本語、英語、中国語でサイトを出すようになりました。独自の視点が評判を取り、ページビューも多くて、広告も順調に増えています。

アジアの新聞社の幹部たちは、日本で何かをしようと考えた時は、彼に直接相談するようにまでなりました。日本に研修生を送るさいも、朝日や日経などの新聞社に直接アプローチせず、彼に頼んできます。また例えば「日本のIT企業の社長に会いたい」といった依頼もあります。

なぜ、彼は頼りにされるのでしょうか。

それは彼の会社のほうが大手よりスピードがあり、フレキシブルだからです。彼の感度のよさや広い人脈が買われているのです。大手の新聞社にアプローチすると、内部での決裁が終わるまで、なかなか結論を出してくれない場合が多い。また大手の新聞社がウェブによるメディアを発信しても、新聞という重しがあるので、大胆な情報発信にまでは踏み切ることが難しい。しかもさまざまな国のいろんな新聞社と提携している彼の所のほうが、自由で機動性に富んでいるわけです。

彼を見ていて納得したことがあります。それは、会社の組織を離れ、独立して新しい事業を始めるには、〝個人力〟を磨いておく必要があるということです。

ジャーナリストであるトーマス・フリードマンの著書『フラット化する世界』を読んでいて、僕はなるほどと感心しました。フリードマンは、グローバリゼーションの進み方を3段階に区分。第一段階は大航海時代から1800年までで、国が国として生き残れるかどうかで戦っていた時代、グローバリゼーション1・0。それ以降2000年までは、多国籍企業が生き残りをかけた戦いを続けた時代で、グローバリゼーション2・0。現代は、3・0の段階であり、個人が生き残りをかける戦いをする時代に入ったのだ、と。

世界の主役は、今や国でも企業でもない、個人なのです。どんな組織に属していようと、ものをいうのは〝個人の力〟。グローバリゼーションとは、もちろん英語ができるとか、MBAを取得したといったことではない。ITというツールを利用すれば、世界中のどこにいようと、誰であろうと、共同で作業もできるのです。自ら組織を引っ張っていく、あるいは組織をしたたかに利用していくのでも、必要なのは個人力です。

元新聞記者の彼は、組織の中で自分が興味を持ったITの分野を探りながら人脈を広げつつ、会社に頼らなくても生きていけるように、在職中から〝財産〟をつくっていったのです。自らの意志で道を切り拓いていく逞しさ、個人力は、自ら意識しなければつきません。

会社に頼り続けるのもラクだし、独立するのも悪くはない。そんなどっちつかずな態度はやめたほうがいい。自分の選んだ道を本当にのめり込みながら進んでいけるのか。個人力は、21世紀を生き抜くポイントになる。そう僕は思うのです。

在職中からチャンスを掴んでスキルアップ

僕の銀行時代の部下に、注目の中国ビジネスの顧問をやっている男がいます。彼も個人力のある人間です。家庭の事情で大学に進学せずに、高校を出ると銀行に入り、愛知県の小さな支店からスタート。抜群の営業成績をあげたので、支店長から褒められ、「何か褒美をあげよう」と言われました。彼はすぐに「中国語の辞書が欲しい」と申し出たそうです。

彼は高校生の時から、中国に強い関心を持っていました。努力家で優秀だったので、僕が上司だった時は彼に中国語の学校に行ってもらいました。彼は中国語を身につけて、めきめき頭角を現し、上海支店や台北支店に勤務。中国人の女性と結婚したのです。奥さんは中国のエリート家系の出身でした。

銀行が合併すると彼の環境も大きく変化しました。そこで彼も次の道を考えるようになりました。

「きみは、日本や中国にこれだけの人脈を持っている。決断してもいい時ではないか」と僕は彼に言いました。彼は銀行を辞め、コンサルティング会社を設立しました。彼は多くの企業に中国ビジネスのアドバイスをするようになり、仕事は順調のようです。

中国のビジネスは難しいことも多い。反日感情もありますし、共産党がだめと言えば突然法律も変わったりします。多くの日本企業がトラブルに巻き込まれています。そこで彼の出番です。彼は中国に豊富な人脈を築いているため、日本企業のトラブル解決を依頼されるのです。「先輩、リスクを取らなければ、納得できる仕事にはならないことがよくわかりました」と彼は私に言いました。

彼は、職場で与えられたポジションの中でチャンスを掴み、それに徹底的にのめり込んで、自らの力でノウハウを身につけた。銀行を飛び出して、いざ勝負しようとした時には、既にグローバルで戦える武器が備わっていたわけです。

個人力のある人は、会社の中だけでなく、外に出ても評価してもらえる。そして共通しているのは、「辞める時は会社の世話にはならないぞ」という意志を固めていることでしょう。

「最後は、会社に尻をぬぐってもらえばいいや」「定年後は関連会社に天下って、ゴルフでもしながら友達と昔話に花を咲かせて暮らそう」などということをイメージするようなことはまったくないのです。別に会社の世話になってもいいのです。しかしそのような甘さを捨てた不退転の覚悟が個人力を鍛えると思うのです。

リスクを取れる仕事の積み重ねが大事

では、サラリーマンの時代から、個人力をどう鍛えればいいのでしょうか。

例えば、海外にある赤字の子会社に赴任したとします。そこですべて本社の指示を仰ぎ、その指示をそのまま翻訳して現地に下ろすだけという人間では、決して黒字にはなりません。再建できません。現地でも従業員と本気でやり合って喧嘩するくらいの姿勢が必要です。机の上で帳面を見るだけで企画書を練っている本社の人間とは異なり、現場の目線で捉えて自らリスクを負って決断していく。そんな積み重ねがあってこそ、自然に個人力がついていくのです。

新しい製品企画を考えついても、また他社にはない販売促進キャンペーンを思いついても、本社の多くの部署の了解を取っているうちに時期を逸するかもしれません。本社決裁を待っているうちに、他の会社に先を越されてしまうなんてことが往々にしてある。「組織が変わらない限りは、自分一人で頑張るのは無理だ」と釈明する社員もいるでしょう。しかし、組織のせいだけでしょうか。

インドに赴任したある中堅メーカーの男は、在庫が膨んで赤字に陥った子会社の再建にあたって「結果責任はオレが取る」と腹を括り、機会を逃すまいと果敢に挑みました。赤字覚悟で在庫をたたき売ってシェアを拡大させたのです。社長の言うことなど聞きません。そこで社長も彼に現地での戦略を一任しました。すると彼の大胆な戦略が功を奏し、みるみる業績は回復しました。もし失敗したら、責められ、呼び戻されて、もしかしたら蟄居《ちっきょ》を命じられたかもしれません。

同じインドで韓国の家電メーカーが大成功していました。現地のトップに成功の秘訣を訊いてみました。彼は受話器を耳にあて、電話をかける真似をして、「本社の言うことを聞かないで、現地のことは現地が責任を持って決断し、実行する」といい、「大変だけどね」と笑みを浮かべました。本社の言うことをいちいち聞いていたら失敗すると言いたいのです。韓国企業も個人力を鍛えているのです。

本社の言いなりになっていたら、責任は求められず、失敗しても蟄居を命じられることはない。その代わり成功もしません。個人力も鍛えられません。なぜならリスクを取らなかったからです。

リスクテイカーは、その都度失敗するかもしれませんが、確実に鍛えられている。そういう自覚が大切ではないでしょうか。

産業再生機構の代表取締役専務・冨山和彦さんが、こう言っていました。

「会社に入ったら、自分から望んで経営不振の子会社に出向させてもらうといい。力がつくから」

これは再就職のときにもあてはまります。自ら困難な部署への配属を望むのが評価されるコツではないでしょうか。

エリートを傷つかせない。それが大企業の人事政策でしょう。例えば銀行の場合、エリートが入ってきたとなれば、赴任させる支店も、不良債権が少なくて行員もある程度レベルがそろっているような都心の支店、大手町とか、丸の内などの支店が選ばれます。またエリートをポストに就任させるさいもそういった支店の支店長や課長に赴任させるでしょう。メーカーでも、将来を嘱望されるような人間であれば、主流の部署に配属しておく。だけど何の問題も起きない部署に居続けると、いずれ時代が変わり、その部署が主流でなくなったとき、そのまま埋もれてしまうなんてことにもなる。そんな、花形になりそこなった人も結構いるのですけれど……。

時代によって、何が主流になるかわかりません。昔、石炭は国家のエネルギーの中心でしたが、石油に変わってしまいました。国の中ばかりではありません。会社の中も時代とともに主流が変化しているのです。

銀行でも企業取引中心から個人取引に主流が移りつつあります。どのポストに行かされても「人事に左遷なし」と考えて個人力を鍛えるのです。困難なポストに行かされたことを感謝する日が必ずきます。

エリートより、苦労人のほうがいい結果を生む

産業再生機構の冨山和彦専務によると、優秀で「この人は使える」と判断して採用したのに、まるで駄目なケースもあるのだそうです。傷つくことがなかったエリート社員などがその典型的な例です。

再生機構に採用された人は、経営不振企業に社長として送り込まれます。そこは不良債権の塊のような会社で、従業員はピリピリしながら組合を作って結束し、社長に対して不信感を募らせている。拳を振りあげ、怒り狂った人たちが押しかけてくる。会社が倒産に追い込まれていく時というのは、そういう状況なのです。

きれいな世界でチヤホヤされてきたエリートが、不安と不信と怒りが渦巻く混乱の中にポンと放り込まれると、もうどうしたらいいかわからない。ノイローゼになって、頭は禿げるし、血を吐くしで、青い顔をして「もう辞めさせてくれ」と泣き出さんばかりの姿で帰ってくる。

かたやキャリアは華々しくないし、陰気くさくて、大したことないかなぁ、といった人を採用して不振企業に派遣すると、意外にもしっかり結果を出したりする。現場の人

たちといっしょになって血や汗を流すことをいとわないのです。前の会社で地味な部署に行かされて、出世できなかったり、地味な苦労を重ねているから、気持ちが通じる。不振企業に飛び込むと、とたんに生き生きして、社長業をテキパキこなし、従業員を教育し、客と上手に渡り合い、伝票を一枚一枚、確実にチェックする。

ヨーロッパには〝ノーブレス・オブリージ〟という道徳観があります。高貴な人ほど戦いの最前線に立つというものです。当然、斃《たお》れ、傷つく人も多い。しかし日本のエリートの場合、戦争になっても陣幕の後ろにいて傷つかない場合が多い。最前線で戦っている人たち以上に、血や汗を流す覚悟が必要なのではないでしょうか。

個人力を身につけることがカギ

社員がまじめに一所懸命働き、その結果、組織が成長するといった例は、一般的によくあります。社員全員が集団で平等に力を発揮し、まるで軍団のごとく進んでいきます。高度成長期のような右肩上がりの経済の時によくあったパターンです。

でも、今はそういう時代ではありません。会社がよくなった、磐石だと思いこんでいたのは徒党を組んでいたからで、一回不景気が来るとガラガラと崩れてしまう。結局、個々人に力がなかったから、組織も本当には強くなっていなかったのでしょう。

これからの時代、社員それぞれが、自分自身に力をつけられるような働き方を意識的にしたほうがいいと思います。組織の中で、いかに充実した〝一人働き〟を可能にさせられるのか。何も自分の欲を満たすためだけに会社を利用してやればいいと言っているわけではありません。会社の外に出ても十分戦えるよう、在職中に、自分を磨き、強くなることが肝心なのです。とりわけ役員が本当の意味でプロになることです。プロとは会社の外からも評価される人のことです。フリーランスになった僕は、改めてそう実感しています。

日本人は、個人の力が表に見えてきません。何かあったら、ワーッと集団で攻めに行くだけです。このところ〝武士道〟という思想が見直されているようですが、どちらかと言うと組織内での忍従やヤセ我慢を評価しがちです。しかしそれよりも戦国武士のように、個々の戦士が互いに名乗りあって戦いの狙いや志を確認し、堂々と向き合ってから、ヤァヤァと戦う、そんなスタイルに戻るのもいいのではないでしょうか。このほうが華やかで元気が出ます。

会社員時代から個人力をしっかり身に付けていたなら、会社を辞めても怖くない。自分で独立し、事業を起こすことだってスムーズにできるでしょう。

個人力は特別な人だけが身につけられる能力ではない

個人力は、特別な人だけが身につけられる能力なのでは――などと、勘違いしないでください。個人力とは、普通の人が持っている力なのです。

個人力を磨き、発揮しやすくさせる秘訣は何でしょう。

まず、気持ちの切り替えを柔軟にヒョイとできること。もし会社が倒産した場合、どん底に突き落とされたイメージを抱くのではなく、「じゃ、ここで別の道に行けるじゃないか。ヨッシャ」と、マイナスの状況もプラスにスイッチする。ぐんとモチベーションを高められるように、気持ちの流れを変えられるか。火事場のバカ力は誰にでも出るものですから。深刻に考えすぎると、思考がフリーズ、凍結してしまう。これでは発揮できるはずの力も永遠に埋もれたままになります。

また普段から、人や物事を色眼鏡で見ないこと。例えば高学歴の上司だからといって卑屈になることはないし、下請けの人に対して上からモノを言わない。誰に対しても同じ目線で、まっすぐに見ることができるか。そうすれば、どんな職場に移っても信頼を得られるし、いろいろな情報も集まってきます。たとえ不振企業に派遣されたとしても、さまざまな人とコミュニケーションが深められるし、フレキシブルな対応や判断ができるから、うまく再建できるのです。

会社が不祥事を起こしたり、経営不振になるのは、経営者が会社の現場を色眼鏡で見ているからです。あるいは色眼鏡をかけさせられているからです。現場で何が問題なのか、どんな問題が起きているのか見えなくなっているのです。よく「悪い情報が入ってこない」と経営者が嘆いています。それは自分が悪い情報を聞きたがらない、努力して求めないからです。

あなたは普段から色眼鏡を外して、物事を公平にきちんと見る努力をしてください。その努力はきっと個人力となってあなたの活躍を支えることでしょう。

今でこそインドはブームになっています。でも一昔前まで、インドとかバングラデシュへの転勤は、左遷であるとの捉え方をされがちでした。「みんなアメリカに赴任するのに、俺だけインドかよ。じっと我慢して、3年たったら逃げて帰ろう」みたいな感じを抱くのでは、個人力は衰えるばかりです。前述のインドの子会社に赴任した男性のように、自らリスクテイカーになって仕事にのめり込み、力をどんどんつけていった例も少なくないのです。

今からでも、もちろん遅くはありません。大定年時代を迎えた今、会社から新しい世界に飛び出して、個人力を武器に一国一城の主になるのも、なかなかワクワクするものです。

第四章　江上流フリーター生活

僕が小説家になったきっかけ

僕は、本当は小説を書こうと思って銀行を辞めたわけではありません。みずほの経営統合で銀行が大きくなりすぎて、僕の意見はなかなか通らない、総会屋事件から立ち直ろうと命懸けで努力したことが空しくなってしまったのです。そんな鬱屈《うっくつ》が臨界点に達してしまったのです。

支店長や役員の代わりはいくらでもいるけれど、小説を書く〝江上〟という人間の代わりはいない。他に代えられない自分を見つけるために、そちらの道を選んでしまっただけです。

退職を決めた時、女房にはまったく相談しませんでした。後で知った時、「お父さんの場合は、もう仕方がないわね」と意外にケロッとしていましたし、息子は「親父なら何とかするだろう」と言いました。必ずしも平穏なサラリーマン生活を送ってきたわけではない過去があるので、女房も「私が止めても、考え直すようなタイプでもないし」と諦めていたのでしょう。

でも、全然心配していないはずはありません。収入は安定しないので、「お父さん、もうどこかの会社に入って、小説は趣味にしたらどう？」と、女房がふと言うこともあります。そんな時、僕は黙って精一杯の笑顔を見せることにしています。自分で決めたことですから、僕は前にまっすぐ進むしかありません。誰に何と言われようと歩みを止めるわけにはいきません。

僕が小説家になったのは、仕事が終わってからカルチャースクールに通いだしたことがきっかけです。

本部から都内の支店の支店長に異動した時、支店の行員が残業で疲れ切っていました。僕も若干ワーカホリックですから残業はいっぱいしました。しかし基本的に残業は嫌いです。みんなサービス残業ですし、つきあい残業も多いですから。

そこで残業を減らす工夫をたくさんしました。事務の合理化などですが、僕自身が早く帰ることも工夫の一つでした。支店長が遅くまで支店に残っていたら、周りも迷惑です。行員は遠慮して帰れなくなります。支店長は昼間にしっかり効率よく仕事をすべきだというのが僕の持論でもありましたから、早めに退行したため、時間ができてしまったのです。夜の時間が余ってしまいました。

でも銀行の帰りに飲んでばかりいるとダメになってしまいます。何かしないといけないかなと考えていたところ、女房に「そのままじゃ、濡れ落ち葉になるわよ。カルチャーセンターでも行ったら」と言われたのです。

「そうだよなぁ。濡れ落ち葉か……」

道路にべったりとはりついた惨めな落ち葉が浮かんできました。

ここで、素直に女房の言葉に従ったのがよかったのでしょう。取り寄せてもらったカルチャーセンターのパンフレットをパラパラ眺めていたら、じつにいろいろな講座がある。新鮮で、ちょっと胸が躍りました。その中でパッと目に止まったのが「小説講座」です。僕は学生時代、小説が好きで、仲間と同人誌を出したりしていたのです。

カルチャーセンターに問い合わせてみると、運良くちょうど受講者1人分だけ席が空いていると言うではありませんか。僕の運命が、この時点で変わったのかもしれません。カルチャーセンターに通うようになり、仲間から刺激を受け、長い間まともに小説も読んでいなかったのが、本屋の小説コーナーに足を運ぶようになりました。仕事では出会えないような友人もでき、お互いの作品を読みあったりしました。そして、今の自分があるというわけです。

不安はあるけど、不満はない

僕は、フリーランスとして生きる道を選びました。会社語も仲間語ももう使えません。リタイア後の生活にしては、ちょっとリスクが高過ぎたかもしれません。ではリスクが高いから、配当や利回りが高かったかというと、必ずしもそうはなっていませんけれどね。

会社を辞めて事業を起こした友人が、しみじみとこう言いました。

「サラリーマンをやっていると、不満はあるけど、不安はなかったね」

そこで僕は「フリーになると、不安はあるけど、不満はないかな」と応えました。収入が安定するに越したことはないけれど、フリーは、自分の人生をやっているという実感を持つことができます。いつもハラハラドキドキです。

ただ、一つ言えるのは、辞めた後も、ちゃんとフローさえ持っていれば、意外にいろんな可能性が開けてくるということです。ここで言うフローとは、もちろんキャッシュフローもそのひとつです。ある程度の期間、仕事がなくても食べていけるキャッシュは必要です。また人脈も昔の会社時代の人ばかりでなく、仕事に必要な情報提供をしてくれる人、その都度適切なアドバイスをしてくれる人など、小説を書くという仕事上で〝集まり参じてくれる〟ようなフローの人脈のことでもあります。過去から蓄積した人脈は義理が重くなっています。それよりは仕事の都度に出会うフローの人脈も重要です。また、知識や教養といったストック情報のほかに、その時代ごとに流れるフローの情報のことでもあります。こうしたフローの情報に対する好奇心、感度も重要です。

いずれにしてもチャレンジするって面白い。もっとも、僕のように全面的にリスクを負う必要はないかもしれませんが。どの道を選んでも、汗を流すことを厭《いと》わずに取り組むなら、きっといろんな形でバランスが取れていくものでしょう。

人間関係の棚卸しのチャンスだ

組織を離れる時は人間関係の棚卸しを行うべきです。人間関係の棚卸しとはどんなことでしょうか。棚卸しとは、決算のために在庫の原料や製品を調査し、古くなって使えないものを捨てたりすることです。人間関係も同じです。あなたも長い会社員人生で多くの人と関わり合いを持ち、複雑な人間関係を築いていると思います。会社を辞める時、それらを一回、点検調査し、不要なものと必要なものに整理しましょうということです。

僕は銀行を辞めてから、つきあいのあった人々の意外な面をたくさん見ることができました。

辞めた後も、前と同じようにつきあい、応援してくれる人がいます。嬉しいことにはお互い敬遠しあっていた人が、「意外にいいところを持っていたんだなぁ」とわかってきます。

一方で、退職前は親しげだった人が、離れていきます。彼は銀行で僕がある程度の立場にいたから近づいてきたのでしょう。それを僕は自分への信頼だと勘違いしていたのです。

また、「上司に言われたよ。『今日は江上剛と飲みに行くのか。お前、江上には近づかないほうがいいぞ』と」と大げさに知らせてくる人もいます。僕が銀行に批判的なことを言ったり、書いたりするからでしょう。僕に近づくと内部情報を漏洩していると疑われるのかもしれません。

彼に注意をした上司は、きっと組織の中にしっかり埋没しているタイプの人間なのでしょう。僕が小説家になったので、警戒心を持つことがあるのかもしれません。僕と話をしたら、何か雑誌や新聞に書かれるのではないか、とか。あるいは、僕と会っているところを誰かに見られた後、新聞に何か会社の記事が出たら「お前がしゃべったんだろう」などと、犯人扱いされたら堪《たま》らんと心配するのでしょう。でもしばらく様子をみていて、「江上は大丈夫だ」と思ったら、近寄ってくるに違いありません。

在職中、例えば１００人の人間とつきあっていたとしたら、会社を辞めた後まで１００人全員と同じようにつきあう必要はないわけです。新しい人間関係を作っていったらいい。退職は、自分流に人間関係の棚卸しをするいい機会になるはずです。そうすることで相手の新しい魅力を発見することもありますし、また意外な面に触れることもあります。それが新しい出会いのチャンスにもなるのです。これは必ずやりましょう。

利害抜きの友情に助けられる時が来る

会社員の人間関係は、利害重視、組織重視にならざるをえない仕組みができています。会社を辞めた後、斡旋された会社や、関係会社に再就職することも多いです。そうなると、元の会社と次に入る会社との関係が繋がっていますから、たとえあまり気が合わなくても、会社で力がありそうな人間とは、割り切って積極的につきあうようにしなければならない場合があるでしょう。これが普通です。

しかし絶対に言えるのは、「この人に付いていけば一緒に出世できるだろう」という利害重視からだと、いずれ関係は壊れるということです。いつも利害重視だけで、つきあう人間を選ぶのはよくありません。相手もあなたのことを利害重視でみていて本当には信頼しないでしょう。

僕が在職中、本音でつきあってきた友人たちは、僕が会社を辞めてフリーになった時、「大丈夫か」と始終連絡を寄こして、支えてくれました。とても心強かったです。それを「友情」と言うのでしょうね。

大きな会社に勤めていようが、辞めてまったく別のリスクのありそうな仕事に就こうが、変わることなくつきあってくれる友人が何人いるか。会社を辞めて次の舞台へ移る時、それが重要なのだと思います。

僕は、人間関係を棚卸しする際、銀行員時代に対等につきあっていた人たちは優良在庫に分類しました。そのため、いまだに連絡を取り合いますし、一緒に勉強会もやっています。それは、同じ仕事場にいた同僚や部下であったり、自分が30代の頃からつきあってきた新聞記者であったり、取引先であったりいろいろです。また「ちょっと今、わからないことがあるんだけど」という電話一本で、数年間会っていなくてもその距離がすぐ縮まる相手もいます。出版社の人から「江上さんは、飲み会が多過ぎる」と叱られるぐらいです。物書きという今の仕事に役立つ情報交換を兼ねているのですから、ただ飲んでばかりいるわけではありませんけれど。

僕は銀行を離れてから、当時の取引先との距離がさらに近くなり、取引先と銀行員の関係ではなくなっても、つきあいを続けています。もちろんその頃、取引先と癒着していたわけではありません。銀行の顔を越えて、腹を割って取引の話をしてきました。今、振り返れば、人脈づくりの種まきだったかもしれません。もし会社での立場をわきまえ過ぎて、距離を置き、本音で取引先とぶつかり合っていなければ、種をまくのは難しかったでしょう。

僕の新しい出発を支援してくれる人たちは、お互い真剣に向き合ってきた人たちばかりです。銀行員の時、お互い利用し、利用されるだけの利害重視の関係より、一般的に言う〝友情〟のような人間関係を築いておくことが必要ではないでしょうか。

健康管理ができない人は何もできない

銀行員時代に、僕は一日100本も吸っていた煙草をやめました。禁煙したのです。と言っても、大決心をしてやめたわけではなく、図らずも、なのですが。一緒に仕事をしていた女性の部下から、「煙草アレルギーなのでやめてほしい」という訴えがあったのです。じゃあ、分煙しましょうということになり、煙草を吸う人間ばかりが机を並べることになりました。ところが、煙たいし、ヤニ臭いし、劣悪な環境で、仕事に集中できない……。

ほどなく、人間ドックに行きました。すると、肺が真っ黒。「煙草のせいです」と医者に脅かされてしまった。本当に煙草かなぁと、半信半疑でいると、女房に「煙草をやめられるか、賭けをしない？　勝ったら、賞金をあげるわよ」と言われました。賭けよう、と誘われたら、逃げたくない。賭けた以上は、真剣に挑まなければいけない。しばらく辛かったけど、ついにその賞金を手にしました。

もし今も煙草を吸い続けていたら、家で仕事をしますから天井はヤニだらけになっていたことでしょう。もちろん僕の健康も損なわれていたに違いありません。煙草をやめたことでレストラン、飛行機等、どんなところでも快適にすごせます。デメリットはひとつもありません。

健康管理で言うなら、スポーツクラブに行くのもいいですし、散歩などを習慣にするのもいいでしょう。

とにもかくにも、健康を維持することは、活躍するための大前提です。

通勤時間を有効活用せよ

時間をどう上手に使うかは、退職前から工夫しておきたいことの一つです。僕が提案したいのは、現職時代、50歳を過ぎてポストが高くなっても、ハイヤーなどの役員専用車に乗らないことです。移動時間を計算するにも、車は交通渋滞を考えなければならないけれど、電車なら正確で、時間が読めます。しかも車より電車のほうが早く着く場合が、けっこう多いのです。

僕もかつて、黒塗りのハイヤーで通勤したことがあります。勤めていた銀行で総会屋利益供与事件が起きた時、彼らと戦っていた僕の身に危険が及ぶ可能性があったため、警察にアドバイスされ、ハイヤー通勤になったのです。

黒塗りの車に乗ると、最初はちょっといい気分です。ところがだんだん居心地が悪くなってきます。車の中で新聞や書類に目を通している人もいるけれど、ふわふわ揺れて読みにくい。高速道路などで渋滞に巻き込まれると、イライラして本を読む気にもなりません。それに僕などは運転手さんに気を遣って、何か話しかけなくてはと思ってしまうほうです。車があると、夜、酔っぱらっても帰宅がラクなので、つい二次会、三次会にも行きたくなります。

では、電車通勤の場合はどうでしょうか。まず混雑を避けるために、朝早い時間に家を出ます。ラッシュ時間帯の前、余裕で座りながら、その日一日のことを考えます。横に人はいても、誰も話しかけてこない。電車の中は、不思議なくらい集中できる空間です。会社に着いてからの段取りを決めたり、仕事の構想を練る。「今日の会議で、社長はああいうことを言ってくるだろうから、自分はこう対処しよう」と作戦を立てます。事前にイメージトレーニングができるから、当然、相手より優位に立つことができ、仕事が成功することも多くなります。

事前準備を電車の中で済ませているので、会社に着くとすぐにてきぱきと仕事を始められます。午前中から気持ちがいいから、それが態度に表れて、部下も喜びます。午後の仕事も順調にはかどって、早く帰ることができるのです。そんな習慣をライフスタイルとして身につけておけば、再就職後も、効率よく仕事を進める上司として喜ばれることでしょう。また電車の中では世間を観察できる。貴重な情報源になります。

たとえ黒塗りの車を使える身分になっても、退職後にはまた使えなくなるほうが多いのです。そちらのほうがむしろ当然で、もし社長や役員になったとしても経営削減のために黒塗りの車は使用しないぐらいの気持ちを最初から持つべきではないでしょうか。

黒塗りの車で送迎してもらいたいという夢に向かって努力することはいいでしょう。でも、そのためにも通勤電車で過ごす時間を無駄にしてはならないのです。

時間活用術

朝4時に起きて原稿を書いてから出勤し、銀行で8時間以上働き、夜は勉強や取引先との接待に出かける。銀行の支店長時代、僕はそんな毎日を続けていました。それが49歳で銀行を辞め、作家専業の道を選択した途端、家で仕事をするようになりました。フリーランスの生活を始めるにあたり、僕は最初に決めたことがあります。少なくともサラリーマンの皆さんが日中働いている間は、僕も働こうということです。

作家である僕の一日は、朝4時頃から始まります。通勤はしませんが、そこから仕事開始です。資料を読んだり、原稿を書いたりするのです。銀行の支店長時代と同じく必ず、一日8時間は労働するようにしています。夜型の作家だと、サラリーマンが仕事をしている時間に寝ている人もいらっしゃいますが、そういう逆転したスタイルはやめようと思いました。起きる時間がルーズになると、一日がルーズになると心配していたことと、サラリーマン時代の習慣通りやれば、いつまでも〝普通のサラリーマン〟の感覚を忘れないでいられると思ったからです。

皆さんが働いているのと同じ時に、同じように働く。そしてある時は電車を乗り継いで、せっせと取材にも出かけていく。一日一日の積み重ねを大事にして、きちんと働こう、と思いました。

リタイアしても、できるだけ起床時間や生活のサイクルは変えないほうがいい。長い間、そのサイクルで生きてきたのですから、体内時計を驚かさないようにしたいものです。

ただし中高年世代に入ったのだから、毎晩飲みに行くとか、第2の職場でも残業ばかりしているという仕事スタイルは、変えるべきでしょう。若い人に任せられる仕事は任せる。「今度来た人、いつまでも残っているなぁ」などという視線で見られるのも情けないじゃないですか。

早めに帰宅して、奥さんと一緒に食事をする。奥さんと一緒に何かを勉強したり、演劇や映画を観に出かける。スポーツクラブで共に汗を流し、地域のボランティア活動に参加する。いろいろなライフワークを考えていくのがいいでしょう。

フリーランスという生活を始めてみて、人から「大変でしょう。会社とは別のストレスが溜まるのではないですか」と聞かれることがあります。ところが会社を辞めた暮らしでは、ストレスはあまりありません。原稿の締め切りが迫っているとか、「次の作品の構想が全然固まらないよ」とか、「もっと本がたくさん売れたらいいのになぁ」と思うぐらいが、ストレスと言えばストレスかもしれません。

どうしてストレスが溜まらないかといいますと、人間関係に尽きます。サラリーマンは、上司、部下、同僚との人間関係をどううまくとっていくかに毎日悩んでいます。どんなアンケートでも職場の悩みは人間関係が必ず一番です。フリーになれば、それがまずありません。嫌な人とは極力関係しないようにすればいいのです。だからストレスが溜まらないのかなと思います。

ストレスがいっぱいの会社員生活を辞めて、せっかく新たな生活をスタートさせようと、別の会社に移るのなら、次はストレスを感じないようなやり方にトライしてみたらどうでしょうか。

ポイントの一つは、会社を選ぶ時、社風などをどう見分けるか、です。あなたをのびのびと働かせてくれそうな社風があるだろうかということを調べねばなりません。会社での面接ではもちろん質問します。また社員の中に知人がいたら社風を聞いてみましょう。退職した人にいろいろ聞いてみるのもいいと思います。要するに、会社に選んでもらうのではなくあなたが会社を選ぶ気構えでしっかり調査することです。給与などの条件がよくても、人間関係が悪い職場で働くと、大変辛くなります。辛くてそこを退職すると、そこから人生がころげ落ちるように変わっていくかもしれません。

また、新しい会社の目標などをしっかり聞き、その目標に真っ正面から本気で賭けてみることが大事です。その会社で働くことの意義や目的をしっかり見定めるのです。会社再建の力になろう、社会が必要とするボランティアを展開しよう……等、いろいろと目標はあるはずです。このように前向きに考えると、意外なほど能力が発揮できて、一生懸命やっていけるものです。正攻法だから、妙なストレスはきっとない。朝、さわやかに目覚めるし、今日一日はどんな日になるのだろうと、元気が湧いてきます。サラリーマンにとって会社の目標と自分の目標が一致していることほど幸せなことはありません。

妻は亭主をしつけるのが上手

近所づきあいを嫌がり、家の中でゴロゴロしているだけ。文句だけは一人前の夫を何とかしなくてはならないと、妻は知恵を絞ります。

僕も銀行員だった時、妻に「単身赴任になったらどうするのよ」の一言を発せられてから、少しずつ家事をやるようになりました。僕がどんなに忙しくても、家に持ち帰った仕事をしていても、やらされました。妻はたいした指導者かもしれません。食事が終わった後の片づけは、いつのまにか僕がやるという役割分担ができていました。アイロン掛けは難しくて、僕はハンカチぐらいしかやりません。ハンカチも放っておくと、たまってしまいます。誰も掛けてくれない。使えるハンカチがなくなる。それでも妻は僕がやるまで我慢しているのか、手を出しません。意地悪な女だと思うのだけど。しようがないから、アイロンを出してきて、ハンカチだけは自分で掛けます。あとは、庭や家の周りの掃除、ゴミ出しなどを僕がします。時々、洗濯干しや買い物もします。ささやかですけれど、この程度はやっておくべきだと思っています。

物書きになった今、別に家事が楽しいわけではなくて、なんだかわからないけれども、体が自然に動いてしまいます。刷り込みになってしまったようです。結局、単身赴任なんか、一度もなかったけれども。いろいろな家事ができるようになりました。

夫に何もさせず、何でもパッパとやってしまう奥さんより、夫が家のことをできるまで、じっと我慢して見守る奥さんのほうが、賢妻なのかもしれません。僕の妻にゴマを擂《す》っているわけではありませんが……。世の奥さんは、子供にばかり「勉強しなさい」と言うのではなく、夫の教育に熱心になったらいかがでしょうか。

特に団塊の世代の人たちというのは、仕事一筋でした。こんな人たちが家庭に戻り、いつもの調子で「フロ、メシ、お茶」と言えば、大変なことになります。奥さんは迷惑そうに「少し手伝ったら」と言うに違いありません。突然、夫に三くだり半を突きつけて出て行ってしまっては後の祭りです。そうなる前に少しずつ家事の訓練をしておきましょう。

「うちの妻に限って」と高を括るな

「熟年離婚」という言葉が流行《はや》りました。僕の知人の奥さんは、子供が大学を卒業し、就職も決まったら「すみません」とだけ言って、さっさと出ていってしまいました。ご亭主はきちんとした人だし、特に悪いところがあったわけではなさそうでした。でも奥さんにとっては、それが息苦しさになっていたのかもしれません。彼女は、今、パートで働いており、収入は少ないけれども、楽しそうに暮らしています。

ご亭主のほうも、当然、一人で暮らしています。いったんそうなってしまうとなかなか夫婦関係を修復できません。女性の熟年離婚願望は、長い間の不満の蓄積、金属疲労のようなものでしょう。家族に対して妻・母としての責任をある程度まで果たしたら、それまでの束縛から解放してもらいたいという思いはあるのではないでしょうか。

ところが男のほうは、おめでたいといいますか、そんな妻の不満にも気づかずに、いつでも家族のところに戻れると信じています。それなのにようやく定年になり、会社を辞め、家族のもとに戻ってみると妻が離婚したいと言いだします。びっくりです。慌てて子供に相談すると子供も離婚に賛成です。反対する子供はあまりいません。少なくとも僕の周りでは、子供が強硬に反対した例はありません。「いいんじゃない、お互い大人だし」という感じです。父親は、子供が離婚に反対してくれると思ったら、ケロッと言われてガックリ。男は会社という社会で認められることに必死でしたが、家庭という社会では、実は認められていなかったのです。そのことに気づかずぼんやりと甘く過ごしていたのです。

オフィスでの習慣を家庭に持ち込まない

退職後は、家庭が自分の拠り所だと思う男は多い。ならば今度は、妻に代わって夫が家庭を守る役目を務めるんだ、くらいの心構えを持つほうが、うまくいくのではないでしょうか。僕なども、女房に金儲けの才能があるなら大黒柱を任せるんだけどなぁと思ったりします。そうなれば、僕はいくらでも家の中にいて、がんばっていい主夫になります。

男は、どこに行っても自分の地位を確保したがる癖がある。定年前、会社には秘書がいたり部下がいたりしました。でも、定年で全部取り上げられてしまいました。だからといって、妻を自分の秘書のように扱ったり、部下に対するように命令したりしてはいけません。家庭の中に部長室を作ってはいけないのです。そんなことでは女房からもばかにされるし、間違いなく煙たがられます。熟年離婚は身近な問題です。「まさか自分の妻に限って……」というのが最も怖い、大きな勘違いです。

僕など、家で妻に「FAXを送っておいて」と言ったら、「そのくらい自分でやったら」とたしなめられました。考えてみたら、銀行にいた時、コピーやFAXは全部、部下に頼んでいた。その習慣を家庭に持ち込んでしまったわけです。まともにFAXも操作できない僕の様子を見て、女房は呆れていました。

退職後は、妻こそ、家庭や地域での師匠であり、上司です。夫のほうから教えを乞い、指導を受けるくらいのことが必要だと思います。そうでなければ家庭の中で、孤独感を味わうことになるかもしれません。

子供も独立し、いずれ夫婦二人だけで暮らすようになります。かつては家族の大黒柱として、夫である自分が一番偉そうにしていました。けれども、後ろを振り向けば、いつでも必ず家族がいると思うのは甘い。60歳くらいの年齢になった時には、家族にどう認めてもらうかを想定して動く必要があるでしょう。

夫婦の距離感をいかにバランスよく保てるか。付かず離れずのいい関係を、現役時代から自ら求めて作っておくべきではないでしょうか。

妻の器用な生き方を見習え

妻の友だちの周辺には、まだ60代、70代で、家でゴロゴロしているお父さんが結構います。特にすごい金持ちではないけれど、貯蓄や財産がそこそこあるような家庭を作りあげてきた。そんな家庭の奥さんたちの中には「旦那が定年退職してからが自分の青春だ」と思ってはりきっている人がたくさんいます。

今や、旦那より、奥さんのほうがいろんな点で体力と好奇心があります。専業主婦といえども意外にコミュニケーション能力が高い。趣味のサークルやボランティアなど、地域社会に入り込んでいるのです。縦ではなくて、横のネットワークが広がっている。社会的な地位には関係ないので、意外な大物の奥さんと、平気でつきあっていたりします。「エッ!? ちょっと俺の再就職を頼めるかな」みたいな感じです。再就職先をみつける時に、そのコネを利用したいと思うほどで、でも本当にそんなことをすれば、奥さんは情けない旦那だと呆れるでしょう。

あなたの奥さんの行動範囲や人間関係を改めて点検してみると、意外に自分とは異なる、強力なネットワークを持っているのに驚くことでしょう。いつも家にいる夫に「お昼ご飯は冷蔵庫にあるわよ」と言い残し、お洒落をして出かける。そんな時、一番嫌がられるのは、うるさい亭主です。妻が人脈を持っていることが愉快ではない。妻にたくさん友だちがいることが許せない。こういう旦那は、世間的に偉かった人に多いのです。

奥さんが友人に、「うちは主人が厳しくて、一人で出てくるのが大変なんですよ」なんてこぼしたりしています。話を聞いてみると、ご主人は、大手企業の役員で、会社を辞めた後、関連会社の社長かなにかになり、いつも黒塗りのすごい車で出勤していたような社会的には立派な地位の人だった。ですが、引退して家庭に戻ると、奥さんには、やたら事細かく「どこへ行くんだ」「どうするんだ」「今日は何だ」と問いただす。つまり、このご主人は奥さんに自分の面倒を見てほしいだけなんですね。男というのは退職するとだんだん子供と同じような気持ちになっていくようです。これでは奥さんは、呆れ果て、うんざりです。

そこで奥さんは一計を巡らし、ご主人を趣味のサークルやカルチャースクールなどに通わせたり、時にはボランティアなどで地域デビューさせようとします。「パソコン教室の案内が来てたわよ」「男の料理ってカッコいいわ」などと言いながら、ご主人をその気にさせようと努力します。

行動的な妻と、ひきこもりがちな夫、その違いは、どこから来るのでしょうか。

男はそれこそ社畜と言われようが何をされようが、一つの場所に、長い間しがみつく。それは地域社会では、会社と同じような高い地位や尊敬を集められないことがわかっているからです。また仕事を辞め、突然根無し草のようになってしまった時、自分の位置づけをゼロから作り直すことに自信がないからです。

かたや女性の場合は、転職したり、仕事を辞めたり、結婚で名字が変わったりすることが多い。

聞くところによると、名字が変わると、とてもショックを受けるそうです。僕の妻も、結婚して僕の名字になった時に「何か、すごく違和感がある」と言っていました。ずっとAという名字で人生を生きていたのが、結婚してBという名字に変わる。改めてBという名で人生作り直しです。それこそメールのアドレスだって変わる。友達に連絡を取る時も、通帳やカードを作る時も、役所の書類も、みんな手続きをしなくてはならない。こんなに面倒くさいなら、結婚を止めようかと思うくらいだといいます。

仕事の面でも、結婚して仕事を辞めると、せっかく積んだキャリアが無になる。しばらくパートに出ることで我慢することになります。子供ができれば子育てに追われ、仕事どころではありません。そして子供が一人前になれば、ようやく再就職をし、そこから再びキャリアを積み始めねばなりません――というように。せっかく作りあげ、認知させたAというブランドが、いきなりチャラになる。女性は人生の節目で、そういう衝撃に何度も遭遇し、その都度、それに耐える訓練を意識せずにやってきたのです。〝人生再構築〟も引き受けてきました。「会社を辞めるのは怖くない」がしっかりできているんです。

亭主が定年退職でしおれたり、新しい就職先について、ぼやいていたりすると「なに情けないこと言っているの」と、バンと背中を叩くようなところがある。だから奥さんに「ブツブツ言ってないで、若い人を教育したらどうなのよ」などとハッパをかけられても、「あんな会社で、できるわけねえだろう」なんて開き直らないほうがいい。意外に新しい会社でも、いろいろできたりするものです。女性のように覚悟を決めて、フレキシブルに人生を渡っていく気にさえなればやることは無限にあります。

女房の活動をもっとサポートしよう

超多忙な夫を持つ妻は、休みの日さえ、夫が朝からゴルフに出かけるのが気に入りません。行員時代、僕の妻も、僕がゴルフに行くたびに「こんなにお金をつかって、もったいない」とひとこと言ってから、僕を送り出していました。また、僕がテレビでゴルフ番組を見ていると「どこが面白いの？　あんなにじっと我慢して、コロッと打つだけじゃない」と、横で感想を述べていたのです。

そこで僕は妻を黙らせるつもりで、「お前も、ゴルフをやれよ」と誘ってみました。「つまらなそうだけど、ちょっとだけやってみようかしら」と妻はその気になりました。今では、すっかりゴルフにはまっています。それまで木彫りのサークルに通っていたのですが、ゴルフが一気に格上になった。「今日は友達が1人欠けたから、あなた代わりに行く？」と妻に誘ってもらえるようにもなりました。夫婦で月に一回はプレイをしています。

もし妻が夫の行動に批判的だったら、逆に妻を夫の世界に引っぱり込めばいい。妻も満足してくれるはずです。

特に会社を辞めた後は、共通の趣味を持つことは大事です。僕も妻も芝居を観るのが好きなので、チケットを取って一緒に観に行きます。たまには外食をすることもあります。高級な店でなくても、ファミリーレストランでも居酒屋でも、どこでもいいのです。いろいろなスタイルをつくりながら、一緒に過ごす時間が退屈でないように工夫する。

これは、リタイア生活を迎えるための準備として、今から始めても遅くありません。

とにかく、妻を家に閉じ込めようとしてはいけません。行動的な妻を持ったことを、むしろラッキーと考えましょう。一人で留守番もできない夫では、先が思いやられます。

誰だって、いつも夫婦二人で鼻を突き合わせているのがうっとうしくなる時がありまず。そんな空気を察知したら、さりげなく妻に外出をすすめてみましょう。

妻が外出先から帰ってきて、夕食を作ってくれるのを、じっと待っているだけの夫では、夫婦の暮らしは充実しません。買い物をし、ちょっとした料理を作り、お風呂を沸かして妻の帰りを待つ。日々の暮らしの家事という小さな仕事を普通にできて、そこに『オレって結構手順がいいよな』と自信を持てるかどうか。

僕は、原稿を書くのが仕事なので、家にいることが多いわけです。だから、台所の片付けをちゃんとするなど、なるべく妻に迷惑をかけないよう、ひっそりと暮らそうとしているんです。

亭主が50歳を過ぎて会社を辞めて独立しようとしたら、妻のほうは間違いなく不安になります。「旦那は夢みたいなことばかり言ってるけれど、食べていけるのかしら」などとリアルに考えます。「もし失敗したら、私は何ができるかしら」と考えているかもしれません。たとえ顔で笑っていたとしても、内心では深刻に受け止めているはずです。その点はわかっておく必要があります。

「おとなしくして関係会社か何かに天下っていれば、締め切りに追われたり、チョコチョコ頼まれては、あっちこっち出張しなくてもよかったのに」などと僕もいまだに言われます。僕はストレスから解放されましたが、妻は僕が家にいるので案外とストレスを溜めているのかもしれません。そんなところから愚痴のひとつも言いたくなるのでしょう。

「お芝居観に行かない？」と誘われて、「悪いけど、明日までに原稿を書かないといけないんだ」と答えるときがあります。

締め切りが迫っているのだけれど、話がなかなかまとまらない。別の取材にも行かなきゃいけない。時間がない、時間がない――なんて思いながら、原稿に手もつけないで、ビールを飲みながらゴロゴロしていると妻は「そんなにたくさん仕事を引き受けなくたっていいじゃない」と不満そうにジロリとにらみます。

小説なんて、机の前に座ってすぐにサクサクと書けるわけはない。

僕は急に立ち上がり、懇願するように叫びました。

「それだけは言うな。こんな請け負いみたいな仕事は、自分のほうから、『もういらない』って頭の中でイメージした瞬間から、消えてなくなるんだから。そう思わなくたって、そのうちなくなってしまうんだぞ」

「書けない」とか「取材に行く時間もないよ」「売れるだろうか」など何気なくブツブツ言っているのを耳にせざるを得ない妻には、僕の愚痴が何倍ものストレスになって溜まっているはずです。自宅を事務所にしていると、いろんな仕事の電話もかかってくる。注文を取ったり、理不尽な苦情を処理したり……。

例えばレストランを開業した夫がいるとします。最初は「私は何もしないわよ」などと口を尖らせていた妻も、結局料理を運んだりして手伝うようになる。そのようなものです。

サラリーマン時代、妻は自分に黙ってついてきてくれた。だから生き方をコロッと変えたって、そのまま同じペースで支援してくれるだろう、などと思うのは甘えです。家族は間違いなくストレスを溜めている、そのことを十分にわかった上で、関係を再構築することが必要なのではないでしょうか。

肩書がなくなったことを父親がブツブツ言っていると、同じように子供にも伝染してブツブツ言いだします。たとえ収入が減っても、過去の栄光を振り返らず、自由に楽しそうに仕事に集中する姿勢を妻や子供に見せていると、いい家族関係が生まれるのではないでしょうか。

もったいない精神で再スタート

今までの長い経験を生かし、新しい夢のある人生を送るゾと決める。すると不思議なくらい道が広がっていきます。晩年が充実するとは、そういうことだと思います。会社を辞める前と同じ流れで、自分の不満のはけ口として「ブツブツぐちゃぐちゃ言う」生活を送るのでは、つまらないことです。次のステップに進み、「ここぞ、俺が生きるべき世界だ」と心燃え立たせるほうが、リスクはあるかもしれないけれど、ストレスはありません。リタイア後に、斬新で面白い事業を起こす人には、そんな人が多いようです。

僕の知人は関係会社の役員を辞めて、60歳を過ぎてから会社を起こしました。ある研究者が開発した魚の鮮度を保つ薬剤に出合って「これが自分の生きる道」とひらめいたのです。それで退職金と友人の出資で会社をつくり、事業を始めました。僕も支店長の時、いろいろと彼から相談を受け応援しました。彼は夢がいっぱいありますから、今でもいつも明るい笑顔をしています。すばらしいことです。

リタイア後、酒を飲んでストレスを解消しようというのは、絶対に駄目。飲み会で、ボヤいても、その場限りで引きずらないようにしましょう。50歳を過ぎ、残りの人生は、あと何年もあるわけではないのに、貴重な時間を憂さ晴らしに充てていたら、もったいないではありませんか。

振り返ると、30代の頃は、もったいないなんてことは全然なかった。

会社の人たちとマージャンをして、「この野郎」とか言いながら「チーポンカン」「はい、いただき」なんてやっていた。上司に向かって「ほら、出して出して」「払い悪いんだから」など、その場だけは偉そうに振る舞っていました。

30代の頃は、忙しいようでも、時間がたっぷり余っていたと思います。遊びも仕事も充実していました。しかし50歳を過ぎたら、時間が経つのは速い。仕事が終わったら、早く帰って本を読んだり勉強をしたほうがいい。退職後に斡旋された会社の給料が安いのであれば、それをブツブツ言うより、割り切って自分の時間を目いっぱい楽しんだほうが得です。やれなかったことに挑戦する、地域との繋がりを深めるのも面白いでしょう。

僕は52歳で初めてダイビングの魅力を体験しました。勉強して試験を受けて、ライセンスを取りました。これから何度でも大好きな沖縄の海を潜れるなんて、ワクワクします。ブログも始めました。読者の人とのネット上の交流も楽しいものです。最近は海外取材も多いので英語を勉強し直そうと思っています。

僕の場合、ストレス解消になっているのが、人と会うことです。原稿は家の中で構想を膨らませているだけでも書けないわけではありません。だけど、できるだけいろいろな会に出かけ、積極的に人と会う。取材をする時には、直接その仕事と関係ないことにまで話が及ぶこともあり、ふとしたきっかけで一緒にお酒を飲むこともあります。いろんな職種の人たちと年齢を超え、利害を抜きにしてワイワイ話をする。そんなことをよくやっています。やはり人と会うのは必要です。刺激になるし、視野が広がります。時には若い女性たちに声をかけて一緒に飲み会をします。チョイ不良《ワル》オヤジというより、〝貢ぐジジィ〟候補生といった感じでしょうか。妻には笑われるけど、それだけでも働く活力になります。

会社という呪縛から解かれる時がやってきた

自分の人生は、自分で選ぶしかありません。団塊とその上の世代の人たちは、「我々は、人生、自分で切り開いてきた」という顔をしています。本当でしょうか。けっこう、ちゃっかりエスカレーターに乗ってきただけなのではないでしょうか。

団塊の世代の人たちは、東大闘争などで暴れ、学生運動を体験しながらも、受験勉強して、いい高校、いい大学を目指し、いい会社に入った。既成の価値観に抵抗してみたものの、案外、着実な人生を選んできたのです。さらに、自分の子供にも、用意したレールどおりに進ませ、そこからはみ出ないでくれ、と願っている人も多いです。

子供からは「そんな人生ばかりじゃない」と、疑問をつきつけられています。現代の子供たちは「生きる力に乏しい」と言われたりしますが、案外、幅広い選択肢の中から、自由に自分の道を選んでいるように見えます。サッカー選手を夢見てブラジルへ渡ったり、10代の頃からIT分野で起業したりと伸びやかに生きています……。逆に彼らの軽快で柔軟なライフスタイルから学ぶことも少なくないはずです。

リタイアの時が徐々に近づいてきました。エスカレーターが終わってしまいます。ぼんやりとした不安が胸の奥に棲み始めたら、どうふっ切るのかよく考えなければなりません。

ぜひ頭のスイッチを切り替えてみてください。退職とは、会社という呪縛、がんじがらめになった世間のしがらみから、スカッと解き放たれるチャンスなのです。初めて自分の人生を、自らの手で選べる絶好の機会が到来したのです。会社を辞める今こそ、あなたの出番です。

あとがき

「会社を辞めるのは怖くない」とは、なんとも大見得を切ったものです。ちょっと気恥ずかしい。

本当は、不安で、不安でどうしようもないものです。今まで、会社という大樹に寄りかかりながら生活していたのが、無くなるわけですから、不安でないはずがありません。ひょっとしたら雨避けにもならない細い木の下でたたずむことになるかもしれません。また嵐の中で、全くさえぎるものなどない荒野に取り残されるかもしれません。いずれにしても長年にわたって勤務した会社をやめるということは、今までよりは自分の足でしっかり立っていないと倒されてしまうことになりそうです。

今年は二〇〇七年問題といわれる年にあたり、多くの団塊の世代（一九四七年から一九四九年生まれの人）が退職を迎えます。その数は７００万人などと言う人がいます。そのおかげでしょうか。大学新規卒業者の就職は、ついこの間の就職氷河期のことなどすっかり忘れ去られてしまい、青田刈りまでおきています。

団塊の世代の人にとっては複雑な心境ではないでしょうか。自分たちが、まるで野焼きの枯れ草（失礼！）のように燃やされ、消えうせると、そこから一斉に若い大学新卒者たちが芽吹いて、春を告げているのですから。世代交代とはよく言ったものです。まさに二〇〇七年問題とは世代交代に伴っておきるさまざまな問題のことを言うのでしょう。

さて、私はみなさんよりお先に二〇〇七年問題に関係なく会社（銀行）をやめてしまいました。勤めていたのは、今はみずほ銀行となっていますが、旧第一勧業銀行です。一九七七年に入行し、26年間の勤務でした。

最初は大阪の梅田、そして東京の港区芝の二支店で勤務の後、本部に転勤しました。本部では営業推進、商品開発、大蔵省との窓口、人事などの仕事に従事しました。そして広報部次長の時に第一勧銀総会屋事件に遭遇します。

総会屋というのは、株主総会の運営を円滑に行うことの見返りに不当な利益を得ようとする者のことで、たいていは暴力団を背景にしています。事件は、その総会屋に長期間にわたって巨額の不正融資を行っていたというものです。

事件は、東京地検による銀行への強制捜査、役員や幹部の逮捕、そして元頭取の自殺という結果に終わりました。私は、事件による混乱収拾やその後の出直し体制作りに努力しました。その後、二支店の支店長を経験し、49歳で早期退職しました。

この事件から銀行退職に至る過程で私は多くのことを考えました。

第一には、銀行でさえ大きな問題がおきれば経営基盤は磐石ではないこと。幸い、旧第一勧業銀行は倒産しませんでしたが、どんなに優良な会社でも突然、大きな波に襲われて、倒壊し、流されてしまうことがあるのです。会社に寄りかかりすぎていると、一緒に流されてしまう危険があるということです。あまり会社を頼りすぎないで、自分の足で立つという気構えが必要だということです。

第二には、人間というものは、ぎりぎりの場面で本当の姿を現すということを知りました。経営危機のような場面に遭遇すると、今までエリートだった人が全くの無能になったり、たいして目立たなかった人が使命感に燃えたりと思いがけない姿を見せるのです。そして困難に遭遇している自分を支援してくれる本当の人は、どういう人かも分かりました。本当の人間関係、すなわち人脈こそ財産だということです。この本当の人脈こそが退職という人生の一大事にも大きな役割を果たしてくれるのです。

そして第三には、家族の大切さが分かりました。家族こそ間違いなく最後まで自分を支えてくれるということです。どんなに苦しくても家族の支えがあれば、切り抜けることができます。それは大げさな支えでなくても構いません。無言の励ましでもいいのです。家族がいて、自分がいるということを意識するだけで人は頑張れるものなのです。小説家という孤独な営みをしている私は、そのことを日々、実感しています。

会社を辞めて、新しい人生に踏み出すとき、神さまが三つのアイテムを授けようとあなたにおっしゃったとします。あなたは①自分の足で立つという気構え、②本当の人脈③家族の支えの三つを選んでください。私は、この本の中にこの三つのアイテムを基本にしてあなたが「会社を辞めるのは怖くない」と言い切るための知恵を書き込みました。あなたの幸せな未来に役立つ一冊であることを祈っています。

本書の発刊にあたっては、幻冬舎の森下康樹さん、鈴木敦子さん、退社された中嶋佳子さん、そしてライターの境朗子さんには大変お世話になりました。皆様のご尽力がなければ本書は完成しませんでした。皆様こそ私の本当に大切な財産であると深く感謝しております。

平成十九年三月吉日

江上　剛

著者略歴

江上　剛《えがみごう》

一九五四年、兵庫県生まれ。
七七年に第一勧業銀行（現・みずほ銀行）に入行、
九七年の総会屋事件当時は広報部、本店審議役として対応した。
『金融腐蝕列島』の主人公のモデルの一人。
二〇〇二年に『非情銀行』（新潮社）で作家デビュー。
〇三年三月退職。
以後、銀行をテーマにした小説を多数発表。
主な著書に『円満退社』（幻冬舎）、『銀行告発』（光文社文庫）、
『平成「経済格差社会」』『不当買収』（ともに講談社）がある。

幻冬舎新書 026

会社を辞めるのは怖くない

二〇〇七年 三 月三十日 第一刷発行
二〇〇七年十一月二十日 第三刷発行

著者 江上剛
発行者 見城徹
発行所 株式会社幻冬舎
〒一五一-〇〇五一 東京都渋谷区千駄ヶ谷四-九-七
電話 〇三-五四一一-六二一一(編集)
〇三-五四一一-六二二二(営業)
振替 〇〇一二〇-八-七六七六四三
ブックデザイン 鈴木成一デザイン室
印刷・製本所 中央精版印刷株式会社

検印廃止

Printed in Japan ISBN978-4-344-98025-9 C0295
え-1-1

幻冬舎ホームページアドレス http://www.gentosha.co.jp/
＊この本に関するご意見・ご感想をメールでお寄せいただく場合は、comment@gentosha.co.jpまで。

幻冬舎新書

田中和彦
あなたが年収1000万円稼げない理由。
給料氷河期を勝ち残るキャリア・デザイン

大企業にいれば安泰、という時代は終わった。年収1000万円以上の勝ち組と年収300万円以下の負け組の二極分化が進む中で、年収勝者になるために有効な8つのポイントとは。

斉須政雄
少数精鋭の組織論

組織論の神髄は、レストランの現場にあった! 少人数のスタッフで大勢の客をもてなすためには、チームの団結が不可欠。一流店のオーナーシェフが、最少人数で最大の結果を出す秘訣を明かす!

みのもんた
義理と人情
僕はなぜ働くのか

仕事は「好き」から「楽しい」で一人前、1円玉を拾え、人の心を打つのは「本気」だけ。ひと月のレギュラー番組三十二本、一日の睡眠時間三時間。「日本一働く男」の仕事とお金の哲学。

市村操一
なぜナイスショットは練習場でしか出ないのか
本番に強いゴルフの心理学

「池を見ると入ってしまう」「バーディーのあと大叩きする」。一番大切な時に、わかっていてもミスが出るのはなぜなのか? 最新の研究データをもとに、心と体を連動させるポイントを伝授。

幻冬舎新書

小泉十三
頭がいい人のゴルフ習慣術

練習すれどもミスを繰り返すのはなぜなのか？　アマチュアの著者が一念発起、本格的なレッスンを受け、プロの名言に触発されつつ、伸びる人の考え方を分析。あなたの上達を妨げる思い込みを覆す！

小浜逸郎
死にたくないが、生きたくもない。

死ぬまであと二十年。僕ら団塊の世代を早く「老人」と認めてくれ――「生涯現役」「アンチエイジング」など「老い」をめぐる時代の空気への違和感を吐露しつつ問う、枯れるように死んでいくための哲学。

小山薫堂
考えないヒント
アイデアはこうして生まれる

「考えている」かぎり、何も、ひらめかない――スランプ知らず、ストレス知らずで「アイデア」を仕事にしてきたクリエイターが、20年のキャリアをとおして確信した逆転の発想法を大公開。

久坂部羊
日本人の死に時
そんなに長生きしたいですか

あなたは何歳まで生きたいですか？　多くの人にとって長生きは苦しく、人の寿命は不公平だ。どうすれば満足な死を得られるか。数々の老人の死を看取ってきた現役医師による〝死に時〟の哲学。

幻冬舎新書

山﨑武也
人生は負けたほうが勝っている
格差社会をスマートに生きる処世術

弱みをさらす、騙される、尽くす、退く、逃がす……あなたはちゃんと、人に負けているか。豊富な事例をもとに説く、品よく勝ち組になるための負け方人生論。妬まれずにトクをしたい人必読!

白川道
大人のための嘘のたしなみ

仕事がうまくいかない、異性と上手につき合えない……すべては嘘が下手なせい! 波瀾万丈な半生の中で多種多様な嘘にまみれてきた著者が、嘘のつき方・つき合い方を指南する現代人必読の書。

和田秀樹
バカとは何か

他人にバカ呼ばわりされることを極度に恐れる著者による、バカの治療法。最近、目につく周囲のバカを、精神医学、心理学、認知科学から診断し、処方箋を教示。脳の格差社会化を食い止めろ!

榎本秋
戦国軍師入門

「戦争のプロ」のイメージが強い戦国軍師だが、その最大任務は教養・人脈・交渉力を駆使し「戦わずにして勝つ」ことだった! 一四の合戦と一六人の軍師の新解釈から描き出す、新しい戦国一〇〇年史。